# El Camino hacia Dios

The Way to God
(And How to Find It)

Dwight L. Moody

# Registrar Este Libro

Beneficios de registrar el libro*

- ✓ GRATIS **Reposición** de libros perdidos o dañados.
- ✓ GRATIS **Libro en Audio** - *Pilgrim's Progress*, edición en audio.**
- ✓ GRATIS Información de libros nuevos y otros **obsequios**.**

www.anekopress.com/new-book-registration

*Ver en nuestra página web las condiciones y limitaciones.

**Estos recursos se encuentran solo en inglés

# El Camino hacia Dios

(Y CÓMO ENCONTRARLO)

*D. L. Moody*

Nos encanta saber de nuestros lectores. Por favor, contáctanos en www.anekopress.com/questions-comments para cualquier pregunta, comentario o sugerencia.

*El Camino hacia Dios* — Dwight L. Moody

Edición revisada Copyright © 2017, 2020

Primera edición publicada en 1884

Reservados todos los derechos. Ninguna parte de este libro puede reproducirse, almacenarse en un sistema de recuperación, ni transmitirse por ningún medio — electrónico, mecánico, fotocopia, grabación, u otro— sin el permiso escrito del editor.

A menos que se indique lo contrario, las citas bíblicas se toman de la versión Reina-Valera, Revisión de 1995. © 1995 Sociedades Bíblicas Unidas. Usado con permiso.

*Diseño de portada: J. Lewis*

*Traductor: José Justiniani*

*Editor: Karin F. Handley*

Aneko Press

www.anekopress.com

Aneko Press, Life Sentence Publishing y sus logotipos son marcas registradas de Life Sentence Publishing, Inc.
203 E. Birch Street
P.O. Box 652
Abbotsford, WI 54405

**RELIGIÓN / Vida Cristiana / Crecimiento Espiritual**

ISBN edición impresa: 979-8-88936-507-5

ISBN edición digital: 979-8-88936-508-2

Disponible donde se vendan libros

# Contenido

*Al lector* .................................................................................... ix

**Cap. 1:** Un amor que sobrepasa todo conocimiento .......... 1

**Cap. 2:** La puerta de entrada al Reino ................................ 21

**Cap. 3:** Dos tipos de personas ............................................. 43

**Cap. 4:** Palabras de consejo ................................................. 59

**Cap. 5:** Un Salvador Divino ................................................ 71

**Cap. 6:** Arrepentimiento y restitución ............................... 81

**Cap. 7:** Seguros de ser salvos .............................................. 99

**Cap. 8:** Cristo es todo ......................................................... 121

**Cap. 9:** El cristiano que se aleja ......................................... 139

*Sobre el Autor* ...................................................................... 157

*También por Aneko Press* .................................................... 159

# Al lector

He procurado señalar el camino hacia Dios en este pequeño volumen. He incluido una gran parte de varios sermones que prediqué en diferentes ciudades de Gran Bretaña y en mi propio país —los Estados Unidos. Dios bendijo con gracia estos sermones cuando los prediqué desde el púlpito, y ruego que también los bendiga ahora en su forma impresa, junto con algún material adicional.

Primero dirijo la atención hacia el amor de Dios, fuente de todo don de gracia. Luego, intento presentar verdades que respondan a las necesidades específicas de distintos grupos de personas, contestando cómo puede uno estar bien con Dios, y con la esperanza de guiar almas hacia Aquel que es *el camino, la verdad y la vida* (Juan 14:6).

El último capítulo está dirigido especialmente a los que se han apartado del Señor — un grupo de personas tristemente demasiado numeroso.

Con sincera oración y esperanza de que, por la

bendición de Dios sobre estas páginas, el lector sea fortalecido, afirmado y establecido en la fe de Cristo,

A ustedes me entrego en servicio a Dios,

*D. L. Moody*

Capítulo 1

# Un amor que sobrepasa todo conocimiento

*Y de conocer el amor de Cristo, que excede a todo conocimiento* (Efesios 3:19).

Si tan solo pudiera lograr que las personas comprendieran el verdadero significado de las palabras del apóstol Juan —*Dios es amor*—, tomaría ese solo texto y recorrería el mundo proclamando esta gloriosa verdad. Si logras convencer a alguien de que lo amas, has ganado su corazón. Si podemos hacer que la gente crea que Dios los ama, veríamos entrar multitudes en el Reino de los cielos. El problema es que muchos piensan que Dios los odia, y por eso viven huyendo de Él.

Hace algunos años construimos una iglesia en Chicago y estábamos muy deseosos de enseñarles a las personas sobre el amor de Dios. Pensamos que, si no podíamos predicarlo hasta sus corazones, lo enfatizaríamos de otras maneras. Así que colocamos estas palabras justo encima del púlpito: *Dios es amor*. Una noche, un hombre que caminaba por la calle echó un vistazo a través de la puerta y vio el texto. Era un pobre pródigo que se había alejado de Dios. Al pasar pensó: «¡Dios es amor! ¡No! Él no me ama, porque soy un miserable pecador». Intentó sacarse el texto de la mente, pero parecía escrito con fuego frente a sus ojos. Caminó un poco más, luego dio la vuelta, regresó y entró a la reunión.

No escuchó el sermón, pero esas breves palabras habían quedado profundamente grabadas en su corazón, y eso bastó. Poco importa lo que digan los hombres, si tan solo la Palabra de Dios logra penetrar el corazón del pecador. Ese hombre se quedó después de la reunión, y lo encontré allí, llorando como un niño. Le compartí las Escrituras y le expliqué cómo Dios lo había amado todo el tiempo, incluso cuando él se había alejado tanto, y cómo Dios lo esperaba para recibirlo y perdonarlo. La luz del evangelio iluminó su mente, y se fue de allí transformado en un hombre nuevo, regocijándose en el amor de Cristo Jesús.

No hay nada en este mundo que valoremos tanto como el amor. Muéstrame a una persona que no tenga a nadie que la ame o cuide de ella, y te diré que es uno de los seres más tristes y angustiados sobre la faz de la tierra. ¿Por qué se suicida tanta gente? Muy a menudo es porque este pensamiento se apodera de ellos: nadie me ama. Y prefieren morir antes que seguir viviendo.

No conozco ninguna verdad en toda la Biblia que deba llegar a nosotros con tanto poder y ternura como la del amor de Dios, y no hay verdad en la Biblia que

Satanás quiera borrar con más empeño. Durante más de seis mil años ha estado tratando de convencer a la humanidad de que Dios no los ama. Logró hacer que nuestros primeros padres creyeran esa mentira, y con demasiada frecuencia tiene éxito también con sus hijos.

La idea de que Dios no nos ama a menudo surge por enseñanzas equivocadas. Hay padres que cometen un error al enseñar a sus hijos que Dios los ama solo cuando se portan bien, pero que no los ama cuando hacen lo malo. Tú no les enseñas a tus propios hijos que los odias cuando se portan mal. El que hagan algo malo no transforma tu amor en odio; si así fuera cambiarías de amor muchas veces. Si tu hijo está de mal humor o ha cometido algún acto de desobediencia, no lo echas de casa como si ya no fuera tu hijo. ¡No! Sigue siendo tu hijo y lo amas. Que algunas personas se hayan alejado de Dios no significa que Él los odie. Lo que Dios odia es el pecado, la falta de arrepentimiento y el corazón malvado. *Pero Dios muestra su amor para con nosotros, en que siendo aún pecadores, Cristo murió por nosotros* (Romanos 5:8). *Nosotros lo amamos a él, porque él nos amó primero* (1 Juan 4:19).

Creo que la razón por la cual muchas personas piensan que Dios no las ama es porque están midiendo a Dios con su propia vara, desde su propio punto de vista. Nosotros amamos a otros mientras los consideramos dignos de nuestro amor; cuando dejan de serlo, los rechazamos. Pero no es así con Dios. Hay una diferencia enorme entre el amor humano y el amor divino.

Efesios 3:18 nos habla de la anchura, la longitud, la profundidad y la altura del amor de Dios. Muchos de nosotros creemos conocer algo de ese amor, pero dentro de muchos siglos admitiremos que apenas sabíamos una pequeña parte. Colón descubrió América, pero ¿qué sabía él de los grandes lagos, de los ríos, los bosques o el valle del Misisipi? Murió sin conocer realmente todo lo que había descubierto. De igual manera, muchos hemos descubierto algo del amor de Dios, pero hay alturas, profundidades y longitudes que desconocemos. Ese amor es como un gran océano, y debemos sumergirnos en él antes de poder decir que lo conocemos de verdad.

Un arzobispo católico de París fue encarcelado y condenado a ser fusilado. Poco antes de ser llevado al paredón, vio en la ventana de su celda la forma de una cruz. En la parte superior escribió *altura*, en la parte inferior *profundidad*, y en cada extremo de los brazos *longitud*. Él había experimentado la verdad que transmite el himno de Isaac Watts:

> La cruz excelsa al contemplar
> do Cristo allí por mí murió,
> nada se puede comparar
> con las riquezas de su amor.
>
> No busco gloria ni honor
> sino en la cruz de mi Señor,
> las cosas que me agradan más
> las doy con gozo por su amor.
>
> Veo en su rostro, manos, pies,
> las marcas vivas del dolor;
> es imposible comprender
> tal sufrimiento y tanto amor.

> El mundo entero no será
> 　　dádiva digna de ofrecer.
> Amor tan grande y sin igual
> 　　en cambio exige todo el ser.

Si queremos conocer el amor de Dios debemos ir al Calvario. ¿Podemos mirar esa escena y decir que Dios no nos ama? Esa cruz habla del amor de Dios. Nunca se ha enseñado un amor mayor que el que enseña la cruz. ¿Qué motivó a Dios a entregar a Cristo y qué motivó a Cristo a morir, si no fue el amor? *Nadie tiene mayor amor que éste, que uno ponga su vida por sus amigos* (Juan 15:13). Cristo dio Su vida por Sus enemigos. Cristo dio Su vida por quienes lo asesinaron. Cristo dio Su vida por quienes lo odiaban. El espíritu de la cruz, el espíritu del Calvario, es amor. Cuando se estaban burlando de Él y despreciándolo, ¿qué dijo? *Padre, perdónalos, porque no saben lo que hacen* (Lucas 23:34). Eso es amor. No pidió que descendiera fuego del cielo para consumirlos; en Su corazón no había más que amor.

## El amor de Dios es inmutable

Si estudias la Biblia encontrarás que el amor de Dios es inmutable. El afecto de muchos de los que te amaron alguna vez quizás se haya enfriado y ellos se alejaron de ti; tal vez ese amor incluso se haya convertido en odio. Pero no es así con Dios. Está escrito de Jesucristo, justo antes de ser separado de Sus discípulos y llevado al Calvario: *Como había amado a los suyos que estaban en el mundo, los amó hasta el fin* (Juan 13:1). Él sabía que uno de Sus discípulos lo traicionaría, y aun así amó a Judas. Sabía que otro lo negaría y juraría no conocerlo, y aun así amó a Pedro. Cristo tuvo ese amor por Pedro que le rompió el corazón y lo llevó de regreso, arrepentido, a los pies de su Señor. Durante tres años Jesús había estado con los discípulos, enseñándoles Su amor no solo con Su vida y palabras, sino también con Sus obras. En la noche de Su traición tomó un recipiente con agua, se ciñó con una toalla, asumió el papel de siervo y les lavó los pies. Quería convencerlos de Su amor inmutable.

No hay porción de la Escritura que lea con más frecuencia que Juan 14, y ninguna que ame más. Nunca me canso de leerla. Escucha lo que nuestro Señor dice mientras derrama Su corazón ante los discípulos: *En aquel día vosotros conoceréis que yo estoy en mi Padre, y vosotros en mí y yo en vosotros. El que tiene mis mandamientos y los guarda, ése es el que me ama; y el que me ama será amado por mi Padre* (Juan 14:20-21). ¡Piensa en el gran Dios que creó los cielos y la tierra amándote a ti y a mí! *El que me ama, mi palabra guardará; y mi Padre lo amará, y vendremos a él y haremos morada con él* (Juan 14:23).

¡Ojalá nuestras pequeñas mentes pudieran comprender esta gran verdad: el Padre y el Hijo nos aman tanto que desean venir a morar con nosotros! No para tan solo quedarse una noche, sino para habitar en nuestros corazones.

Tenemos otro pasaje maravilloso en Juan 17:23: *Yo en ellos, y tú en mí, para que sean perfectos en unidad, y para que el mundo conozca que tú me enviaste, y que los has amado a ellos como también a mí me has amado*. Creo que esa es una de las declaraciones más asombrosas que pronunciaron los labios de Jesucristo. No hay razón para que el Padre no ame al Hijo. Fue obediente hasta la muerte. Nunca transgredió la ley del Padre ni se apartó del camino de perfecta obediencia, ni por un ápice. Nosotros somos muy diferentes, y sin embargo, a pesar de toda nuestra rebelión y necedad, Él dice que si confiamos en Cristo el Padre nos ama como ama al Hijo. ¡Amor maravilloso! ¡Amor que maravilla! Que Dios pueda amarnos como ama a Su propio Hijo parece demasiado bueno para ser verdad, pero eso es lo que enseña Jesucristo.

Es difícil lograr que un pecador crea en este amor inmutable de Dios. Cuando alguien se ha alejado de Dios, cree que Dios lo odia. Debemos hacer una distinción entre el pecado y el pecador. Dios ama al pecador, pero odia el pecado.[1] Odia el pecado porque destruye la vida humana. Es precisamente porque ama al pecador que aborrece el pecado.

## El amor de Dios no falla

El amor de Dios no solo es inmutable, sino que no falla. En Isaías 49:15-16 leemos: *¿Se olvidará la mujer de lo que dio a luz, para dejar de compadecerse del hijo de su vientre? ¡Aunque ella lo olvide, yo nunca me olvidaré de ti! He aquí que en las palmas de las manos te tengo esculpida; delante de mí están siempre tus muros.*

---

1 Si bien esto es bíblico, también hay pasajes de las Escrituras que señalan que Dios detesta a los pecadores, como el Salmo 5:5: «*aborreces a todos los que hacen iniquidad*» y el Salmo 7:11: «*Dios es juez justo; y Dios está airado contra el impío todos los días*».

El amor humano más fuerte que conocemos es el amor de madre. Muchas cosas pueden separar a un hombre de su esposa. Un padre puede darle la espalda a su hijo. Los hermanos y las hermanas pueden volverse enemigos. Los esposos pueden abandonar a sus esposas, y las esposas a sus esposos, pero el amor de una madre perdura. En la honra o en la deshonra, aun frente a la condena del mundo, una madre sigue amando y esperando que su hijo se aparte del mal y se arrepienta. Recuerda las sonrisas de cuando era bebé, la risa alegre de la niñez, las promesas de su juventud; nunca puede pensar que su hijo es indigno. La muerte no puede apagar el amor de una madre: es más fuerte que la muerte.

¿Has visto a una madre que vela por su hijo enfermo? ¡Bien dispuesta tomaría la enfermedad en su propio cuerpo si eso significara la curación de su hijo! Semana tras semana vela por él; no permite que nadie más lo cuide.

Un amigo mío hace un tiempo visitaba una hermosa casa donde conoció a varias personas. Después de que todos se habían ido, al volver a buscar algo que había dejado encontró a la señora de la casa —una dama adinerada— sentada junto a un hombre que parecía un mendigo. Era su propio hijo. Así como el hijo pródigo, se había alejado mucho, y sin embargo la madre dijo: «Este es mi hijo; y lo amo pese a todo». Mira a una madre con nueve o diez hijos, y si uno de ellos se desvía, parece que lo ama más que a todos los demás.

Un destacado ministro del estado de Nueva York me contó una vez la historia de un padre que era un hombre muy malo. La madre hizo todo lo posible para evitar que su hijo siguiera los caminos pecaminosos del padre, pero la influencia del padre fue más fuerte. Llevó a su hijo a toda clase de pecados, hasta que el joven se convirtió en uno de los peores criminales. Cometió un asesinato y fue llevado a juicio. Durante todo el proceso, la madre viuda (pues el padre había muerto) estuvo presente en el tribunal. Cuando los testigos declaraban en contra del muchacho, parecía que a la madre le dolía más que al hijo. Cuando fue declarado culpable y sentenciado a muerte, todos los demás sintieron que el veredicto era justo y se mostraron satisfechos con el resultado. Pero el amor de la madre jamás flaqueó. Rogó por un indulto, pero le fue negado. Después de la ejecución pidió el cuerpo de su hijo para poder enterrarlo, y también se lo negaron. De acuerdo con la costumbre, fue enterrado en el patio de la prisión. Poco tiempo después la madre también murió, pero antes de morir expresó el deseo de ser sepultada junto a su hijo. No se avergonzaba de que la conocieran como madre de un asesino.

Se cuenta otra historia de una joven en Escocia que abandonó su hogar y se convirtió en una marginada en Glasgow. Su madre la buscó por todas partes, pero en vano. Finalmente, mandó a colocar su propia fotografía en las paredes de las habitaciones de la Misión de Medianoche, donde a veces se alojaban mujeres abandonadas. Muchas mujeres miraban la foto con indiferencia, pero una joven se detuvo frente a ella. Reconoció aquel rostro querido que la había mirado con ternura en su niñez. Su madre no la había olvidado ni rechazado por su pecado, o su retrato no estaría colgado allí. Los labios parecían susurrar: «Vuelve a casa; te perdono y siempre te amo». La pobre joven cayó al suelo, abrumada por sus emociones. Era la hija pródiga. Ver el rostro de su madre le quebrantó el corazón. Se arrepintió sinceramente de sus pecados y, con el corazón lleno de tristeza y vergüenza, volvió a su hogar abandonado, y madre e hija volvieron a estar unidas.

Déjame decirte que el amor de una madre no se puede comparar con el amor de Dios; no se acerca ni a la altura ni a la profundidad de ese amor. Ninguna madre en este mundo ha amado a su hijo como Dios te ama a ti y a mí. Piensa en el amor que Dios debió tener cuando entregó a Su Hijo para morir por el mundo. Yo solía pensar mucho más en Cristo que en el Padre. De algún modo tenía la idea de que Dios era un juez severo, y que Cristo se había interpuesto entre Dios y yo para apaciguar Su ira. Pero después de ser padre y tener durante años un hijo único, al mirar a mi hijo pensé en el Padre que entregó a Su Hijo para morir, y me pareció que requería más amor por parte del Padre al dar a Su Hijo, que por parte del Hijo al entregarse a la muerte.

¡Oh, cuánto debió amar Dios al mundo al dar a Su Hijo para morir por él! *De tal manera amó Dios al mundo, que ha dado a su Hijo unigénito, para que todo aquel que en él cree no se pierda, sino que tenga vida eterna* (Juan 3:16). Nunca he podido predicar sobre ese versículo. Muchas veces lo he pensado, pero es tan elevado que nunca he podido escalar su altura. Simplemente lo he citado y seguido adelante. ¿Quién puede comprender la profundidad de esas palabras:

*«De tal manera amó Dios al mundo»*? Jamás podremos alcanzar la altura de Su amor ni sondear su profundidad. Pablo oró para conocer la altura, la profundidad, la longitud y la anchura del amor de Dios, pero dijo que era un conocimiento que excede a todo entendimiento. *Que excede a todo conocimiento* (Efesios 3:19).

Nada nos habla tanto del amor de Dios como la cruz de Cristo. Ven conmigo al Calvario y mira al Hijo de Dios colgado allí. ¿Puedes oír ese grito desgarrador que sale de Sus labios moribundos: *Padre, perdónalos, porque no saben lo que hacen*, y decir que Él no te ama? *Nadie tiene mayor amor que éste, que uno ponga su vida por sus amigos* (Juan 15:13). Pero Jesucristo dio Su vida por Sus enemigos.

Piensa también en esto: Él nos amó mucho antes de que nosotros pensáramos en Él. La idea de que Él no nos ama hasta que lo amamos primero nosotros no aparece en las Escrituras. En 1 Juan 4:10 está escrito: *En esto consiste el amor: no en que nosotros hayamos amado a Dios, sino en que Él nos amó a nosotros y envió a Su Hijo en propiciación por nuestros pecados.* Nos amó antes de que nosotros pensáramos en amarlo. Tú amaste a tus hijos antes de que ellos supieran algo de tu amor. Así también, mucho antes de que pensáramos en Dios, ya estábamos en Sus pensamientos.

¿Qué hizo volver al hijo pródigo? El pensamiento de que su padre aún lo amaba. Supón que le hubiera llegado la noticia de que había sido rechazado y que su padre ya no se preocupaba por él; ¿habría vuelto? ¡Jamás! Pero se le ocurrió que su padre todavía lo amaba; así que se levantó y regresó a su hogar.

Querido lector, el amor del Padre debería hacernos volver a Él. Fue la calamidad y el pecado de Adán lo que reveló el amor de Dios. Cuando Adán cayó, Dios descendió y lo trató con misericordia. Si alguien se pierde, no será porque Dios no lo ama; será porque ha resistido el amor de Dios.

¿Qué hará que el Cielo sea atractivo? ¿Serán las puertas de perla o las calles de oro? No. El Cielo será atractivo porque allí veremos a Aquel que nos amó tanto como para dar a Su Hijo unigénito para que muriera por nosotros. ¿Qué hace atractivo un hogar? ¿Es acaso el mobiliario elegante o las habitaciones majestuosas? No. Algunos hogares, con todo esto, son como sepulcros blanqueados. En Brooklyn, una madre estaba muriendo y fue necesario separar a su hija de ella porque la niña no comprendía la naturaleza de la enfermedad, y no quería dejar sola a su madre. Cada noche la niña lloraba hasta quedarse dormida en casa de unos vecinos, porque quería regresar a la casa de su madre; pero la madre empeoró, y no podían llevar a la niña a casa. Al final, la madre murió. Después de su muerte creyeron que lo mejor era no dejar que la niña viera a su madre muerta en el ataúd. Tras el entierro, la niña corrió de habitación en habitación gritando: «¡Mamá! ¡Mamá!» y así recorrió toda la casa; al no encontrar a su ser amado, pidió llorando que la llevaran de nuevo con los vecinos. Así también, lo que hará atractivo al Cielo será ver a Cristo Jesús, quien nos amó y se entregó por nosotros.

Si me preguntas por qué Dios nos ama, no sabría decirlo. Supongo que es porque Él es un verdadero Padre. Amar es parte de Su naturaleza, así como lo es brillar para el sol. Él quiere que participes de ese amor. No permitas que la incredulidad te mantenga alejado de Él. No pienses que, por ser pecador, Dios no te ama ni se interesa por ti. ¡Sí te ama! Quiere salvarte y bendecirte.

*Cristo, cuando aún éramos débiles, a su tiempo murió por los impíos* (Romanos 5:6). ¿No es eso prueba suficiente de que Él te ama? No habría muerto por ti si no te amara. ¿Está tu corazón tan endurecido que puedes resistirte a Su amor, rechazarlo y despreciarlo? Puedes hacerlo, sí, pero será para tu propia perdición.

Imagino que algunos digan para sí: «Sí, creemos que Dios nos ama, si nosotros lo amamos; creemos que Dios ama a los puros y santos». Déjame decirte, amigo, que Dios no solo ama a los puros y santos, sino que también nos amó cuando aún éramos impíos. *Pero Dios muestra su amor para con nosotros, en que siendo aún pecadores, Cristo murió por nosotros* (Romanos 5:8). Dios Lo envió a morir por los pecados del mundo. Si tú formas parte del mundo, entonces puedes participar de ese amor que se manifestó en la cruz de Cristo.

Apocalipsis 1:5 tiene un significado muy especial para mí: *Al que nos ama, nos ha lavado de nuestros pecados con su sangre.* Podría pensarse que Dios nos lavaría primero y luego nos amaría. Pero no: Él nos amó primero. Hace unos ocho años, todo el país se conmocionó profundamente por el caso de Charlie Ross, un niño de cuatro años que fue secuestrado. Dos hombres en un carruaje les ofrecieron dulces a él y a su hermano mayor. Luego se marcharon con el más pequeño, dejando al mayor. Durante años se buscó al niño por todos los estados y territorios. Hubo hombres que viajaron a Gran Bretaña,

Francia y Alemania, y la búsqueda fue en vano. La madre aún vive con la esperanza de volver a ver a su perdido Charlie. No recuerdo que el país haya estado tan agitado por ningún otro hecho, excepto quizás por el asesinato del presidente Garfield.

Imagina que la madre de Charlie Ross estuviera sentada en el estrado durante una reunión y que, mientras el predicador habla, ella viera en medio de la audiencia a su hijo perdido. Supón que se viera pobre, sucio, harapiento, sin zapatos ni abrigo; ¿qué haría ella? ¿Esperaría a que lo lavaran y vistieran decentemente antes de reconocerlo? ¡No! Bajaría de inmediato, correría hacia él y lo abrazaría. Luego lo lavaría y vestiría. Así es Dios con nosotros. Él nos amó y nos lavó. Puedo imaginar a alguien preguntando: «Si Dios me ama, ¿por qué no me hace bueno?». Dios quiere hijos e hijas en el Cielo; no quiere máquinas ni esclavos. Él podría quebrantar nuestros corazones tercos, pero desea atraernos hacia Sí con lazos de amor.

Él quiere que te sientes con Él en las bodas del Cordero. Quiere lavarte y dejarte más blanco que la nieve. Quiere que camines con Él sobre las calles de cristal del Cielo — ese mundo bendito y lejano. Quiere adoptarte en Su familia y hacer de ti un hijo o una hija del Cielo. ¿Pisarás Su amor bajo tus pies, o te entregarás a Él de una vez por todas?

Durante la terrible Guerra Civil, una madre recibió la noticia de que su hijo había sido herido en la Batalla de la Espesura. Tomó el primer tren para ir a verlo, aunque el Departamento de Guerra había dado la orden de que no se permitiera la entrada de más mujeres a las líneas.

Pero el amor de una madre no conoce órdenes y logró, con lágrimas y ruegos, ingresar. Finalmente, encontró el hospital donde estaba su hijo. Fue al médico y le dijo:

—¿Me dejaría ir a la sala para cuidar a mi hijo?

El médico respondió:

—Acabo de lograr que su hijo se duerma; está en estado muy delicado, y me temo que si lo despierta, la emoción pueda matarlo. Será mejor que espere afuera hasta que yo le diga que usted ha venido; déjeme darle la noticia poco a poco.

La madre lo miró a los ojos y dijo:

—Doctor, ¿y si mi hijo no despierta y nunca más lo veo con vida? Déjeme ir y sentarme a su lado; no le hablaré.

—Si no le habla, puede hacerlo —dijo el médico.

Se acercó sigilosamente al catre y miró el rostro de su hijo. ¡Cuánto había deseado verlo! ¡Cómo se deleitaban sus ojos al contemplar su rostro! Cuando estuvo lo suficientemente cerca, no pudo evitar tocarlo; puso esa mano tierna y amorosa sobre su frente. En el mismo instante en que la mano tocó la frente del muchacho, sin abrir los ojos, él exclamó:

—¡Mamá, viniste!

Había reconocido el toque de esa mano llena de amor. Había ternura y compasión en ella.

Ah, pecador, si sientes el toque amoroso de Jesús, lo reconocerás; está lleno de ternura. El mundo podrá tratarte con crueldad, pero Cristo jamás lo hará. Nunca tendrás un mejor amigo en esta vida. Lo que necesitas es venir a Él hoy. Deja que Su brazo amoroso te sostenga; deja que Su mano amorosa te rodee. Él te abrazará con poder, te guardará y llenará tu corazón de Su ternura y amor.

Puedo imaginar a algunos preguntándose: «¿Cómo debo acercarme a Él?». Pues, igual que irías a tu madre. ¿Le has causado un gran daño, una gran ofensa? Entonces ve a ella y dile: «Mamá, quiero que me perdones». Trata a Cristo del mismo modo. Ve a Él hoy y dile que no Lo has amado, que no Lo has tratado bien; confiesa tus pecados y verás qué pronto te bendecirá.

Recuerdo otro caso: el de un muchacho que fue juzgado por una corte militar y condenado a ser fusilado. Los corazones del padre y la madre se rompieron al recibir la noticia. En ese hogar había una niña pequeña. Ella había leído la vida de Abraham Lincoln, y dijo: «Si Abraham Lincoln supiera cuánto aman mis padres a su hijo, no permitiría que lo fusilaran». Quería que su padre fuera a Washington a suplicar por su hermano. Pero el padre respondió:

—No tiene sentido; la ley debe seguir su curso. Ya han negado el perdón a otros en casos similares, y se ha dado la orden de que el presidente no intervendrá más; si un hombre ha sido sentenciado por una corte militar, debe enfrentar las consecuencias.

Ese padre y esa madre no tuvieron fe para creer que su hijo podría ser perdonado.

Pero la niña conservó la esperanza; tomó el tren desde lo alto de Vermont y se dirigió a Washington. Al llegar a la Casa Blanca los soldados no querían dejarla pasar, pero contó su triste historia y la dejaron entrar. Al llegar a la oficina del secretario privado del presidente, este también se negó a dejarla pasar al despacho del mandatario. Pero al escuchar su relato, el secretario se conmovió y le permitió ingresar. Cuando ella entró en la oficina de Abraham Lincoln, había senadores, generales, gobernadores y políticos discutiendo asuntos importantes de la guerra, pero el presidente notó a la niña parada junto a la puerta. Quiso saber qué deseaba, y ella se le acercó y le contó su historia con sus propias palabras. Él era padre, y las lágrimas rodaron por las mejillas de Abraham Lincoln. Escribió un despacho y lo envió al ejército para que trajeran al joven de inmediato a Washington. Cuando llegó, el presidente lo perdonó, le otorgó treinta días de licencia y lo envió a casa con la niña para alegrar el corazón de sus padres.

¿Quieres saber cómo ir a Cristo? Ve como esa niña fue a Abraham Lincoln. Tal vez tengas una historia oscura que contar. Cuéntala toda; no escondas nada. Si Abraham Lincoln tuvo compasión de esa niña, escuchó su súplica y la respondió, ¿no crees que el Señor Jesús escuchará tu oración? ¿Crees que Abraham Lincoln, o cualquier hombre que haya vivido, tuvo tanta compasión como Cristo? ¡Jamás! Él se conmoverá cuando nadie más lo haga. Él tendrá misericordia cuando nadie más la tenga. Él se compadecerá cuando todos los demás te hayan rechazado. Si vas directamente a Él, confesando tu pecado y tu necesidad, Él te salvará.

Hace algunos años, un hombre salió de Inglaterra rumbo a Estados Unidos. Era inglés, pero se naturalizó como ciudadano estadounidense. Después de un tiempo, sintiéndose inquieto e insatisfecho, se fue a Cuba. Estando allí, estalló una guerra civil. Esto ocurrió en 1867, y el hombre fue arrestado por el gobierno español acusado de ser espía. Fue juzgado por una corte militar, declarado culpable y condenado a ser fusilado. Todo el juicio se llevó a cabo en español, y el pobre hombre no entendía lo que ocurría.

Cuando le informaron del veredicto, de que había sido condenado a muerte, envió mensajes a las embajadas de Estados Unidos y del Reino Unido exponiendo todo su caso, demostrando su inocencia y pidiendo protección. Ellos revisaron el caso y descubrieron que el hombre condenado por los oficiales españoles era completamente inocente. Acudieron al general español y le dijeron:

—Mire, este hombre que han condenado a muerte es inocente; no es culpable.

Pero el general respondió:

—Ha sido juzgado conforme a nuestra ley. Fue hallado culpable y debe morir.

No existía el cable telegráfico para comunicarse con sus gobiernos, así que no podían consultarles.

Llegó la mañana de la ejecución. Sacaron al hombre en un carro, sentado sobre su ataúd, y lo llevaron al lugar donde sería fusilado. Ya habían cavado la tumba. Sacaron el ataúd del carro, lo colocaron allí y sentaron al joven sobre él. Le bajaron una capucha negra sobre el rostro. Los soldados españoles esperaban la orden de disparar, pero en ese momento llegaron los cónsules de Estados Unidos y del Reino Unido. El cónsul británico saltó del carruaje y envolvió al hombre con la bandera del Reino Unido, la Union Jack. El cónsul estadounidense lo envolvió con la bandera de las barras y las estrellas. Luego se volvieron hacia los oficiales españoles y dijeron:

—Disparen contra estas banderas si se atreven.

No se atrevieron. Detrás de esas banderas había dos grandes gobiernos. Ese era el secreto.

*Me llevó a la sala de banquetes y tendió sobre mí la bandera de su amor… Su izquierda esté debajo de mi cabeza; con su derecha me abrace* (Cantares 2:4, 6). Gracias a Dios, hoy podemos refugiarnos bajo esa bandera si lo deseamos. Cualquier pobre pecador puede hacerlo hoy. Su bandera de amor está sobre nosotros. Bendito evangelio; bendita y preciosa noticia. Cree hoy; recibe esta verdad en tu corazón y entra en una vida nueva. *Porque el amor de Dios ha sido derramado en nuestros corazones por el Espíritu Santo que nos fue dado* (Romanos 5:5). Ahuyentará la oscuridad. Ahuyentará la tristeza. Ahuyentará el pecado, y la paz y el gozo serán tuyos.

Capítulo 2

# La puerta de entrada al Reino

*El que no nace de nuevo no puede ver el reino de Dios* (Juan 3:3)

Este pasaje quizás sea el fragmento más conocido de la Palabra de Dios. Supongo que si preguntara a cualquier audiencia si creen que Jesucristo enseñó la doctrina del nuevo nacimiento, nueve de cada diez responderían: «Sí, creo que lo hizo».

Las palabras de este texto contienen una de las preguntas más solemnes que podamos enfrentar. Podemos permitirnos que se nos engañe en muchas cosas, pero no en esta. Cristo lo deja muy claro. Dice: *El que no nace de nuevo no puede ver el reino de Dios*. Esta doctrina del nuevo nacimiento es, por tanto, el fundamento de toda nuestra esperanza para el mundo venidero. Es realmente el ABC de la religión cristiana. Según mi experiencia, si alguien no está bien cimentado en esta doctrina probablemente no lo estará en casi ninguna otra doctrina fundamental de la Biblia. Una verdadera comprensión de este tema ayuda a resolver mil dificultades que puedan surgir al leer la Palabra de Dios. Aquellas cosas que antes parecían oscuras y misteriosas se vuelven claras.

La doctrina del nuevo nacimiento desmonta toda religión falsa — toda visión equivocada sobre la Biblia y sobre Dios. Un amigo mío me contó una vez que, en una de sus reuniones, al terminar el servicio un hombre se le acercó con una larga lista de preguntas escritas. Le dijo:

—Si puede responder satisfactoriamente a estas preguntas, he decidido que me convertiré y seré cristiano.

—¿No cree que sería mejor venir a Cristo primero? —respondió mi amigo. — Luego podrá revisar esas preguntas. El hombre pensó que tal vez sería lo mejor. Después de recibir a Cristo, volvió a mirar su lista de preguntas pero le pareció que ya todas estaban respondidas.

Nicodemo vino con su mente atribulada, y Cristo le dijo: *Debes nacer de nuevo.* Fue tratado de un modo muy distinto al que esperaba, pero creo que esa fue la noche más bendita de toda su vida. Nacer de nuevo es la mayor bendición que podamos recibir en este mundo.

Observa cómo lo expresa la Escritura: *El que no nace de nuevo*, o es nacido del Espíritu. De los varios pasajes en que aparece *el que no*, o *si no*, y *a menos que*, según las versiones, voy a mencionar tres: *Si no os arrepentís, todos pereceréis igualmente* (Lucas 13:3, 5). *Si no os volvéis y os hacéis como niños, no entraréis en el reino de los cielos* (Mateo 18:3). *Si vuestra justicia no fuera mayor que la de los escribas y fariseos, no entraréis en el reino de los cielos* (Mateo 5:20). Todos ellos vienen a decir lo mismo.

Estoy muy agradecido de que nuestro Señor haya hablado del nuevo nacimiento con este gobernante de los judíos, este doctor de la ley, en lugar de hablarlo solo con la mujer samaritana en el pozo, con Mateo el publicano o con Zaqueo. Si hubiera reservado esta enseñanza para esos tres, o personas similares, muchos dirían: «Oh, claro, los publicanos y las rameras necesitan convertirse, pero yo soy una persona recta. No necesito convertirme». Supongo que Nicodemo era uno de los mejores hombres de Jerusalén; no había nada registrado en su contra.

Creo que ni siquiera es necesario demostrar que debemos nacer de nuevo para ser aptos para el Cielo. Me atrevo a decir que ningún hombre honesto afirmaría estar listo para el reino de Dios si no ha nacido del Espíritu Santo. La Biblia enseña que el ser humano por naturaleza está perdido y es culpable, y nuestra experiencia lo confirma. Sabemos también que incluso el hombre más santo y justo caerá fácilmente en pecado si se aparta de Dios.

Ahora, permíteme decirte lo que no es la regeneración. No es asistir a la iglesia. Muy a menudo, cuando pregunto a alguien si es cristiano me dicen: «Claro que sí; voy a la iglesia todos los domingos». Pero eso no es regeneración.

Otros dicen: «Estoy tratando de hacer lo correcto, ¿no soy cristiano entonces? ¿Eso no es nacer de nuevo?».

No. ¿Qué tiene eso que ver con nacer de nuevo? Hay otro grupo más: los que «han pasado la página» y piensan que ya están regenerados. No, una nueva resolución no es lo mismo que nacer de nuevo.

Tampoco te servirá de nada haber sido bautizado. Y sin embargo, oyes decir: «Fui bautizado, y nací de nuevo cuando me bautizaron». Creen que por haber sido bautizados para ser parte de la iglesia, han sido bautizados para ser parte del reino de Dios. Pero te digo que eso es completamente imposible. Puedes haber sido bautizado en la iglesia y aún así no haber sido bautizado en el Hijo de Dios. El bautismo tiene su lugar, claro que sí. Dios me libre de decir algo en contra. Pero si lo colocas en lugar de la regeneración —en el lugar del nuevo nacimiento— estás cometiendo un error gravísimo. No puedes ser bautizado y que eso signifique que entras en el reino de Dios. *El que no naciere de nuevo, no puede ver el reino de Dios.* Si alguien que lee esto está basando su esperanza en cualquier otra cosa —en otro fundamento— oro para que Dios derribe esa base errónea.

Otro grupo dice: «Yo participo de la Cena del Señor; participo regularmente del sacramento». ¡Bendita ordenanza! Jesús dijo que cada vez que lo hacemos recordamos Su muerte. Pero eso no es nacer de nuevo; no es pasar de la muerte a la vida. Jesús lo dijo claramente, y tan claramente que no debería haber lugar para el error: *El que no naciere de nuevo, no puede ver el reino de Dios.* ¿Qué tiene que ver un sacramento con eso? ¿Qué tiene que ver asistir a la iglesia con nacer de nuevo?

Otra persona se acerca y dice: «Yo oro con

regularidad». Aun así, eso no es nacer del Espíritu. Es una pregunta muy solemne la que se nos presenta, y todo lector debería preguntarse con sinceridad y honestidad: «¿He nacido de nuevo? ¿He nacido del Espíritu? ¿He pasado de la muerte a la vida?».

Algunas personas dicen que las reuniones especiales de carácter religioso son muy buenas para ciertas personas. Serían muy buenas si pudieran llevar allí al borracho, o al jugador, o a otros con vidas viciosas; eso haría mucho bien. Pero dicen: «Nosotros no necesitamos convertirnos». ¿A quién dirigió Cristo estas palabras de sabiduría? A Nicodemo. ¿Quién era Nicodemo? ¿Era un borracho, un jugador o un ladrón? ¡No! Sin duda era uno de los mejores hombres de Jerusalén. Era un líder honorable. Pertenecía al Sanedrín. Ocupaba una posición muy elevada. Era un hombre devoto. Uno de los más sabios. ¿Y qué le dijo Cristo? *El que no naciere de nuevo, no puede ver el reino de Dios.*

Pero me imagino a alguien diciendo: «¿Qué puedo hacer? Yo no puedo crear vida. Ciertamente no puedo salvarme a mí mismo». Cierto, no puedes, y no afirmamos que puedas. Te decimos que es absolutamente imposible mejorar a nadie sin Cristo, pero eso es justamente lo que muchos están intentando. Tratan de remendar esta «vieja naturaleza adámica». Sin embargo, lo que hace falta es una nueva creación. La regeneración es una nueva creación, y si es una nueva creación entonces debe ser obra de Dios. En el primer capítulo de Génesis el ser humano no aparece. Solo está Dios. El hombre no está allí como partícipe. Cuando Dios creó la tierra, lo hizo Él solo. Cuando Cristo redimió al mundo, también lo hizo Él solo.

*Lo que nace de la carne, carne es; y lo que nace del Espíritu, espíritu es* (Juan 3:6). *¿Podrá cambiar el etíope su piel y el leopardo sus manchas?* (Jeremías 13:23). Es igual de imposible el intento de volverse puro y santo sin la ayuda de Dios. Sería tan fácil como el intento de cambiar el color de tu piel. Un hombre tendría la misma posibilidad de saltar por encima de la luna que de servir a Dios en la carne. Por eso dice: *Lo que nace de la carne, carne es; y lo que nace del Espíritu, espíritu es* (Juan 3:6).

Dios nos dice en este capítulo cómo podemos entrar en Su reino. No es obrando para entrar, aunque valdría la pena hacer obras si pudiera obtenerse la salvación por ese medio. Todos lo admitimos. Si hubiera ríos que cruzar o montañas que escalar, valdría la pena nadar y escalar. No hay duda de que la salvación merece todo esfuerzo, pero no se obtiene por nuestras obras. La salvación es para el *que no trabaja, sino cree* (Romanos 4:5). Obramos porque somos salvos; no obramos para ser salvos. Trabajamos a partir de la cruz, y no hacia ella. Está escrito que debemos ocuparnos en nuestra salvación *con temor y temblor* (Filipenses 2:12). Debes tener la salvación antes de poder vivirla.

Supongamos que le digo a mi pequeño:

—Quiero que gastes esos cien dólares con cuidado.

—Bueno, dame los cien dólares y los gastaré con cuidado —me dice.

Recuerdo cuando dejé mi hogar por primera vez y fui a Boston. Había gastado todo mi dinero y pasaba por la oficina de correos tres veces al día. Sabía que el correo de casa llegaba solo una vez al día, pero pensaba que tal vez por alguna posibilidad, habría una carta para mí. Al fin recibí una carta de mi hermanita, ¡y qué alegría sentí al recibirla! Ella había oído que en Boston había muchos carteristas, y gran parte de esa carta era para decirme que tuviera mucho cuidado y no me dejará robar. Pero primero tenía que tener algo en el bolsillo para que me lo pudieran robar. Así también, debes tener la salvación antes de poder vivirla.

Cuando Cristo exclamó en el Calvario: *¡Consumado es!*, decía la verdad. Todo lo que las personas deben hacer ahora es aceptar la obra de Jesucristo. No hay esperanza para ningún hombre o mujer mientras sigan intentando alcanzar la salvación por sus propios medios. Puedo imaginar que algunas personas digan, como quizás dijo Nicodemo: «Esto es algo muy misterioso». Veo el ceño fruncido de ese fariseo mientras dice: «¿Cómo puede ser esto?». Suena muy extraño a sus oídos: «Nacer de nuevo, nacer del Espíritu». ¿Cómo puede ser esto?

Muchos dicen: «Hay que entenderlo con la razón; si no lo puedes razonar, no esperes que lo creamos». Me imagino a muchos hablando así. Cuando me piden razonarlo, sinceramente les digo que no puedo. *El viento sopla de donde quiere, y oyes su sonido, pero no sabes de dónde viene ni a dónde va. Así es todo aquel que nace del Espíritu* (Juan 3:8). No lo entiendo todo sobre el viento. Me pides que lo explique. No puedo. Puede soplar hacia el norte aquí, y a cien kilómetros soplará hacia el sur. Puede que subas unos cientos de metros y lo encuentres soplando en dirección totalmente opuesta. Me pides que te explique estas corrientes de aire, pero si no puedo explicarlas ni entenderlas, ¿debo entonces declarar que no existe el viento?

Me imagino a una niña pequeña diciendo: «Yo sé más que ese hombre; muchas veces he sentido el viento soplando sobre mi rostro». Podría decir: «¿Acaso el viento no me arrebató el paraguas el otro día? ¿No vi cómo le volaba el sombrero a un hombre en la calle? ¿Acaso no lo he visto mover los árboles del bosque y el maíz en el campo?».

Que me dijeras que no existe el viento sería como decirme que no existe el nuevo nacimiento por el Espíritu. He sentido al Espíritu de Dios obrar en mi corazón, tan real y verdaderamente como he sentido el viento soplar en mi rostro. No puedo razonarlo. Hay muchas cosas que no puedo razonar, pero las creo. Jamás he podido razonar la creación. Puedo ver el mundo, pero no puedo explicar cómo Dios lo hizo de la nada. Sin embargo, casi todos admiten que existe un poder creador.

Hay muchas cosas que no puedo explicar ni razonar, y aun así creo en ellas. Escuché a un vendedor decir que el ministerio y la religión de Jesucristo eran asuntos de revelación, no de investigación. *Pero cuando agradó a Dios... revelar a su Hijo en mí*, dice Pablo (Gálatas 1:15-16). Un grupo de jóvenes viajaba al campo y durante el camino acordaron no creer en nada que no pudieran razonar. Un anciano los escuchó y les dijo:

—Los oí decir que no creen en nada que no puedan razonar.

—Así es —respondieron.

—Pues bien —dijo el anciano—, hoy en el tren vi gansos, ovejas, cerdos y vacas, todos comiendo pasto. ¿Pueden explicarme cómo ese mismo pasto se convierte en plumas, lana, cerdas o pelo? ¿Creen que eso es un hecho?

—Oh sí —dijeron ellos—. No podemos evitar creerlo, aunque no lo entendamos.

—Pues yo tampoco puedo evitar creer en Jesucristo —respondió el anciano.

Y yo no puedo evitar creer en la regeneración del ser humano cuando veo personas que han sido rescatadas, transformadas por Dios y a quienes el Espíritu Santo les ha dado un nuevo corazón. ¿Acaso no han sido regeneradas algunas de las personas más perdidas? Han sido sacadas del pozo, con sus pies puestos sobre la Roca y un cántico nuevo en sus bocas. Antes, sus lenguas maldecían y blasfemaban, pero ahora alaban a Dios. *Las cosas viejas pasaron; todas son hechas nuevas* (2 Corintios 5:17). No solo han sido reformadas; han sido regeneradas. Son nuevas criaturas en Cristo Jesús.

Allá en los callejones oscuros de una de nuestras grandes ciudades vive un pobre borracho. Creo que si quieres acercarte al infierno deberías visitar el hogar de un borracho miserable. Entra a esa casa y observa el dolor y la necesidad que allí reinan. Pero escucha… se oye un paso en la puerta, y los niños corren a esconderse. La esposa, paciente, se prepara para recibir al hombre. Ha sido su tormento. Muchas veces ha sido víctima de su ira. Muchas veces esa mano fuerte se ha descargado sobre su cabeza indefensa. Y ahora espera, anticipando maldiciones y maltrato. Él entra y le dice: «He estado en una reunión, y escuché que si me vuelvo a Dios, puedo ser transformado. Creo que Dios puede salvarme».

Vuelve a esa casa unas semanas después. ¡Qué cambio! Al acercarte, oyes que alguien canta. No es una canción de borrachera, sino el viejo y querido himno: *Roca de la eternidad*. Los niños ya no le temen al hombre, sino que se agrupan alrededor de sus rodillas. Su esposa está cerca, con el rostro iluminado de alegría. ¿No es eso una imagen de la regeneración? Puedo llevarte a muchos hogares como ese, transformados por el poder regenerador del evangelio de Cristo. Lo que las personas necesitan es poder para vencer la tentación, poder para llevar una vida recta—y ese poder se encuentra en el Espíritu Santo de Dios.

La única forma de entrar al reino de Dios es *naciendo* para entrar en él. La ley de este país exige que el presidente haya nacido en territorio nacional. Cuando los extranjeros llegan a nuestras costas no tienen derecho a quejarse de una ley que les impide convertirse en presidentes. Entonces, ¿no tiene Dios derecho a establecer una ley que diga que todos los que hereden la vida eterna deben *nacer* en Su reino?

Alguien que no ha nacido de nuevo preferiría estar en el infierno antes que en el Cielo. Toma a un hombre con el corazón lleno de corrupción y maldad, y colócalo en el Cielo entre los santos, los redimidos y los puros; no querrá permanecer allí. Definitivamente, si queremos ser felices en el Cielo, debemos comenzar por construir un pedazo de Cielo aquí en la tierra. El Cielo es un lugar preparado para un pueblo preparado. Si un jugador empedernido o un blasfemo fuera sacado de las calles de Nueva York y puesto sobre el pavimento de cristal del Cielo, bajo la sombra del árbol de la vida, diría: «No quiero estar aquí». Si la gente fuera llevada al Cielo tal como es por naturaleza, sin un corazón regenerado, habría otra rebelión en el Cielo. El Cielo está lleno de personas que han nacido dos veces.

En Juan 3:14-15 leemos: *Y como Moisés levantó la serpiente en el desierto, así es necesario que el Hijo del hombre sea levantado, para que todo aquel que en él cree no se pierda, sino que tenga vida eterna.* ¡Todo aquel! ¡Pon atención a eso! Permíteme decirte, tú que aún no has sido salvo, lo que Dios ha hecho por ti. Ha hecho todo lo que podía hacer para tu salvación. No necesitas esperar que Dios haga algo más. En un pasaje Él mismo pregunta qué más pudo haber hecho: *¿Qué más se podía hacer a mi viña, que yo no haya hecho en ella?* (Isaías 5:4). Envió a sus profetas, y los mataron; luego envió a su amado Hijo, y lo asesinaron. Ahora ha enviado al Espíritu Santo para nuestra convicción del pecado y mostrarnos cómo podemos ser salvos.

En este capítulo se nos dice cómo ser salvos: por medio de Aquel que fue levantado en la cruz. Así como Moisés levantó la serpiente de bronce en el desierto, así también el Hijo del Hombre debía ser levantado, para que *todo aquel que en él cree no se pierda, sino que tenga vida eterna.* Hay quienes se quejan y dicen que es muy injusto que se les responsabilice por el pecado de un hombre que vivió hace seis mil años. No hace mucho, un hombre me habló de esta «injusticia», como él la llamaba. Pero si alguien piensa que podrá justificarse delante de Dios con ese argumento, le digo que no le servirá de nada. Si te pierdes, no será por el pecado de Adán.

Déjame ilustrarlo, y tal vez así lo entiendas mejor. Supón que estoy muriendo de tuberculosis, una enfermedad que heredé de mi padre o de mi madre. No la contraje por negligencia ni por culpa propia; supongamos que la heredé. Un amigo pasa por allí, me mira y dice:

—Moody, estás enfermo. Tienes tuberculosis.

Yo respondo:

—Lo sé. No necesito que nadie me lo diga.

—Pero —dice él—, hay un remedio.

—Pero, señor —respondo—, no lo creo. He consultado a los mejores médicos del país y de Europa, y todos me han dicho que no hay esperanza.

—Pero tú me conoces, Moody; me has conocido durante años.

—Sí, señor.

—¿Crees entonces que yo te mentiría?

—No.

—Bueno, hace diez años yo estaba tan enfermo como tú. Los médicos me habían desahuciado, pero tomé este medicamento y sané. Estoy completamente bien. Mírame.

Yo le digo:

—Ese es un caso muy poco común.

—Puede que lo sea —dice él—, pero es un hecho. Este medicamento me sanó; tómalo tú también, y te sanará. Aunque me costó mucho, a ti no te costará nada. Te ruego que no lo tomes a la ligera.

—Bueno —respondo—, me gustaría creerte, pero esto va en contra de mi lógica.

Al oír esto, mi amigo se va y regresa con otro amigo que testifica lo mismo. Aun así, sigo sin creer, así que va a buscar a otro, y otro más, y otro más; todos testifican lo mismo. Dicen que estaban tan enfermos como yo, pero tomaron el mismo remedio que se me ha ofrecido, y fueron sanados. Entonces mi amigo me extiende el medicamento. Yo lo arrojo al suelo. No creo en su poder para salvar, y muero. La razón, entonces, es que rechacé el remedio.

Así también, si pereces, no será por la caída de Adán, sino porque rechazaste el remedio ofrecido para salvarte. Escogerás las tinieblas en lugar de la luz (Juan 3:19). *¿Cómo escaparemos nosotros, si descuidamos una salvación tan grande?* (Hebreos 2:3). No hay esperanza para ti si descuidas el remedio. No sirve de nada mirar la herida. Si hubiésemos estado en el campamento de Israel y nos hubiera mordido una serpiente venenosa, no habría servido de nada mirar la herida. Mirar la herida no salvará a nadie. Lo que debes hacer es mirar el remedio — mirar a Aquel que tiene poder para salvarte del pecado.

Contempla el campamento de los israelitas; observa la escena que se describe en Números 21:6-9. Muchos están muriendo porque descuidan el remedio que se les ofrece. En ese árido desierto hay muchas tumbas pequeñas; muchos niños han sido mordidos por las serpientes venenosas. Padres y madres están enterrando a sus hijos. Por allá están a punto de sepultar a una madre amada. La familia llora y se reúne alrededor de su cuerpo querido. Escuchas los lamentos; ves las lágrimas amargas. El padre está siendo llevado a su última morada. Hay llanto por todo el campamento.

Las lágrimas corren por los rostros de quienes han perdido a miles; miles más están muriendo, y la plaga se extiende de un extremo al otro del campamento.

Veo en una tienda a una madre israelita inclinada sobre el cuerpo de un hijo amado que apenas comienza a florecer en la vida, apenas brotando hacia la adultez. Ella le seca el sudor de la muerte que se acumula en su frente. Pronto sus ojos están fijos y vidriosos, pues la vida se le escapa rápidamente. El corazón de la madre está desgarrado y sangrando. De pronto oye un ruido en el campamento. Se alza un gran clamor. ¿Qué significa? Ella va hacia la puerta de la tienda.

—¿Qué pasa en el campamento? —pregunta a quienes pasan por allí.

Alguien le responde:

—Buena mujer, ¿no ha oído las buenas noticias que han llegado al campamento?

—No —responde la mujer—. ¿Buenas noticias? ¿Qué es?

—Pues, ¿no ha oído? Dios ha provisto un remedio.

—¿¡Qué!? ¿Para los israelitas mordidos? ¡Oh, dígame cuál es el remedio!

—Dios ha ordenado a Moisés que haga una serpiente de bronce y la ponga sobre una asta en medio del campamento. Él ha declarado que quien la mire vivirá. El grito que oye es el grito del pueblo cuando ve levantada la serpiente.

La madre vuelve corriendo a la tienda y dice:

—¡Hijo mío, tengo buenas noticias para ti! ¡No tienes que morir! ¡Hijo, hijo mío, he venido con buenas noticias; puedes vivir!

Él está asombrado pero tan débil que no puede caminar hasta la puerta de la tienda. Su madre lo toma en sus fuertes brazos y lo levanta.

—Mira allá; mira justo allí bajo la colina.

Pero el muchacho no ve nada. Dice:

—No veo nada, mamá, ¿qué es?

Ella le responde:

—Sigue mirando y lo verás. Por fin capta un destello de la serpiente reluciente, ¡y he aquí que está sano!

Y así ocurre con muchos jóvenes convertidos. Algunos dicen: «Oh, no creemos en conversiones repentinas». ¿Cuánto tiempo tomó sanar a ese muchacho? ¿Cuánto tiempo tomó sanar a los israelitas mordidos por la serpiente? Solo fue una mirada, y quedaron sanos.

Ese joven hebreo es un nuevo convertido. Me lo imagino ahora llamando a todos los que están con él para alabar a Dios. Ve a otro joven mordido como él, y corre hacia él y le dice:

—¡No tienes que morir!

—Oh —responde el joven—, no puedo vivir; no es posible. No hay médico en Israel que pueda curarme.

Él no sabe que no tiene que morir.

—¿No has oído las noticias? Dios ha provisto un remedio.

—¿Qué remedio?

—Dios le ha dicho a Moisés que levante una serpiente de bronce, y ha declarado que ninguno de los que la miren morirá.

Me imagino al joven. Puede que sea lo que llamarías un intelectual. Le dice al joven convertido:

—¿No creerás que voy a aceptar algo así, verdad?

Si los médicos de Israel no pueden curarme, ¿cómo crees que una vieja serpiente de bronce en un asta va a sanarme?

—¡Pero si yo estaba tan enfermo como tú!

—¿De verdad?

—Sí, claro que sí.

—Eso es lo más asombroso que he oído —dice el joven—. Me gustaría que me explicaras cómo funciona.

—No puedo. Solo sé que miré esa serpiente y sané. Eso fue todo. Solo miré; eso es todo. Mi madre me contó lo que se decía en el campamento, y yo creí lo que ella me dijo, y ahora estoy perfectamente bien.

—Bueno, no creo que hayas sido mordido tan gravemente como yo.

El joven se sube la manga.

— Mira esto. Esa marca muestra dónde fui mordido, y te digo que estaba peor que tú.

—Pues si entendiera cómo funciona, miraría y me sanaría.

—No necesitas entenderlo todo; solo mira y vive.

—Pero, oye, me estás pidiendo que haga algo irracional. Si Dios hubiera dicho que tomara el bronce y lo frotara en la herida, quizá habría algo en el bronce que curara la mordedura. Explícame cómo funciona.

He visto a muchas personas hablar así. Pero el joven llama a otro más, lo lleva a la tienda y le dice:

—Cuéntale cómo el Señor te salvó. Y él cuenta la misma historia; luego llama a otros, y todos dicen lo mismo.

El joven dice que es algo muy extraño.

—Si el Señor le hubiera dicho a Moisés que fuera

a buscar hierbas o raíces, y las hirviera para hacer un concentrado como medicina, eso tendría algo de sentido. Pero es tan contrario a la lógica mirar una serpiente para sanarse, que no puedo hacerlo.

Finalmente, su madre, que ha estado en el campamento, entra y le dice:

—Hijo mío, tengo la mejor noticia del mundo para ti. Estuve en el campamento y vi a cientos que estaban muy graves, ¡y ahora están completamente sanos!

El joven dice:

—Me gustaría sanar; morir es una idea muy dolorosa. Quiero entrar en la tierra prometida, y es terrible morir aquí en este desierto; pero la verdad es que no entiendo el remedio. No tiene sentido para mí. No puedo creer que pueda sanarme en un instante.

Y el joven muere por su propia incredulidad.

Dios proveyó un remedio para el israelita mordido: «¡Mira y vive!» Hay vida eterna disponible para todo pecador. Mira, y puedes ser salvo, lector, en esta misma hora. Dios ha provisto un remedio, y lo ofrece a todos. El problema es que muchos están mirando el asta. No mires el asta; esa es la iglesia. No necesitas mirar a la iglesia; la iglesia está bien, pero no puede salvarte. Mira más allá del asta. Mira al Crucificado. Mira al Calvario. Recuerda que Jesús murió por todos. No necesitas mirar a los pastores; ellos solo son instrumentos elegidos por Dios para levantar el Remedio: Cristo. Así que, amigos, quiten los ojos de los hombres; quiten los ojos de la iglesia. Levanten los ojos hacia Jesús, quien quitó el pecado del mundo, y hallarán vida desde esta misma hora.

Gracias a Dios, no se necesita educación para aprender a mirar. Esa niña, ese niño pequeño de apenas cuatro años que no sabe leer, puede mirar. Cuando el padre viene de regreso a casa, la madre le dice al pequeño: «¡Mira! ¡Mira! ¡Mira!», y el niño aprende a mirar mucho antes de cumplir un año. Así es como se es salvo: mirando al *Cordero de Dios, que quita el pecado del mundo* (Juan 1:29). Hay vida ahora mismo para todo el que esté dispuesto a mirar.

Algunos dicen: «Desearía saber cómo ser salvo». Solo cree en la Palabra de Dios y confía en Su Hijo hoy mismo — en esta misma hora, en este preciso momento. Él te salvará si confías en Él. Me imagino que alguien dirá: «No siento la mordida; no siento la necesidad del Salvador tanto como quisiera. Sé que soy un pecador y todo eso, pero no siento la herida lo suficiente». ¿Cuánto quiere Dios que la sientas?

Cuando estuve en Belfast conocí a un doctor que tenía un amigo, un cirujano muy reconocido, y me dijo que la costumbre del cirujano antes de realizar una operación era decirle al paciente: «Mire bien su herida, y luego fije sus ojos en mí; no los aparte de mí hasta que yo termine». Pensé en ese momento que era una gran ilustración. Pecador, mira bien tu herida, y luego fija tus ojos en Cristo, y no los apartes de Él. Es mejor mirar al Remedio que a la herida. Reconoce lo pobre y miserable pecador que eres, y luego mira al *Cordero de Dios que quita el pecado del mundo*. Jesús murió por los impíos y por los pecadores. Di: «¡Lo recibiré!» Que Dios te ayude a alzar tus ojos al Hombre del Calvario. Así como los israelitas miraron a la serpiente y fueron sanados, tú también puedes mirar y vivir.

Después de la Batalla de Pittsburg Landing, estuve en un hospital en Murfreesboro. En medio de la noche me despertaron y me dijeron que un hombre en una de las salas quería verme. Fui a verlo y me llamó «capellán» (yo no lo era) y me dijo que quería que lo ayudara a estar listo para morir. Le dije:

—Te llevaría en mis brazos directamente al reino de Dios si pudiera, pero no puedo hacerlo. ¡No puedo ayudarte a morir!

Y me preguntó:

—¿Quién puede?

Le respondí:

—El Señor Jesucristo puede; Él vino con ese propósito.

Él negó con la cabeza y dijo:

—Él no puede salvarme; he pecado toda mi vida.

Y le dije:

—Pero Él vino a salvar a los pecadores.

Pensé en su madre que estaba en el norte, y estaba seguro de que ella deseaba que su hijo muriera en paz, así que decidí quedarme con él. Oré dos o tres veces y le repetí todas las promesas que pude, porque era evidente que en pocas horas se iría. Le dije que quería leerle una conversación que Cristo tuvo con un hombre preocupado por su alma. Abrí en el capítulo tres de Juan. Sus ojos estaban clavados en mí. Cuando llegué a los versículos 14 y 15, escuchó las palabras: *Y como Moisés levantó la serpiente en el desierto, así es necesario que el Hijo del Hombre sea levantado, para que todo aquel que en él cree tenga vida eterna* (Juan 3:14-15).

Me detuvo y dijo:

—¿Eso está escrito ahí?

Le dije:

—Sí.

Me pidió que lo leyera de nuevo, así que lo hice. Apoyó sus codos en el catre, juntó sus manos y dijo:

—Eso está bien; ¿puedes leerlo otra vez?

Lo leí por tercera vez y luego continué con el resto del capítulo. Cuando terminé, tenía los ojos cerrados, las manos cruzadas, y una sonrisa en su rostro. ¡Oh, cómo se iluminó! ¡Qué cambio había ocurrido en él! Vi que sus labios se movían, y al inclinarme escuché en un susurro débil: *Y como Moisés levantó la serpiente en el desierto...* etc.

Abrió los ojos y dijo:

—Eso es suficiente; no leas más.

Permaneció así unas horas más, meditando en esos dos versículos. Luego subió en uno de los carros de Cristo para tomar su lugar en el reino de Dios.

Cristo le dijo a Nicodemo: *El que no naciere de nuevo, no puede ver el reino de Dios* (Juan 3:3). Puedes ver muchos países, pero hay una tierra —la tierra de Beula, que vio Juan Bunyan en una visión— que nunca contemplarás a menos que nazcas de nuevo, regenerado por Cristo. Puedes ver muchos árboles hermosos, pero nunca verás el árbol de la vida si la fe en el Salvador no aclara tu vista. Puedes ver los ríos más bellos de la tierra, pero ten presente que tus ojos jamás verán el río que brota del trono de Dios y fluye por el reino de los cielos si no has nacido de nuevo. Dios lo ha dicho, no el hombre. Jamás verás el reino de Dios si no naces de nuevo. Puedes ver a los reyes y señores de la tierra, pero jamás verás al Rey de reyes y Señor de señores si no naces de nuevo. En Londres puedes ir a la Torre y ver la corona de Inglaterra, que vale miles de dólares y está custodiada por soldados, pero recuerda que tus ojos nunca verán la corona de la vida si no naces de nuevo.

Puedes escuchar los cantos de Sion que se entonan aquí en la tierra, pero hay un cántico —el de Moisés y el Cordero— que tus oídos jamás oirán a menos que hayas nacido de nuevo; su melodía solo deleitará a quienes han nacido del Espíritu. Puedes contemplar las hermosas mansiones de la tierra, pero ten presente que nunca verás las moradas que Cristo ha ido a preparar a menos que nazcas de nuevo. Es Dios quien lo dice. Puedes ver diez mil cosas bellas en este mundo, pero jamás verás la ciudad que Abraham alcanzó a vislumbrar si no naces de nuevo. Desde aquel momento, él se convirtió en peregrino y extranjero (Hebreos 11:8, 10-16). Puedes ser invitado a muchas recepciones de bodas aquí, pero nunca asistirás a las bodas del Cordero a menos que hayas nacido de nuevo. Es Dios quien lo dice, querido amigo. Puedes mirar esta noche el rostro de tu madre piadosa y saber que está orando por ti, pero llegará el momento en que no volverás a verla, a menos que hayas nacido de nuevo.

Puede que seas un joven o una señorita que recientemente estuvo junto al lecho de muerte de una madre, y tal vez ella te dijo: «Asegúrate de encontrarme en el Cielo», y tú le prometiste que así lo harías. Pero nunca volverás a verla si no miras al Cordero de Dios. Deberías creerle a Jesús de Nazaret antes que a los incrédulos que dicen que no necesitas nacer de nuevo.

Padres, si esperan volver a ver a sus hijos que han

partido, deben nacer del Espíritu. Tal vez seas un padre o una madre que recientemente ha depositado en la tumba a un ser querido, y ahora tu hogar parece oscuro y desolado. Jamás volverás a ver a tu hijo, a menos que hayas nacido de nuevo. Si deseas reunirte con tu ser amado debes nacer de nuevo. Quizá le hablo a un padre o una madre que tiene a alguien amado allá arriba en el Cielo. Si pudieras oír la voz de ese ser querido, te diría: «Ven por este camino». ¿Tienes un amigo de Dios allá arriba?

Joven, ¿está tu madre querida ya en el Cielo? Si pudieras escuchar su voz, ¿no te diría: «Apártate del mundo y sigue a Jesús, hijo mío», «Mira a Jesús, hija mía»? Si alguna vez deseas volver a verla, debes nacer de nuevo.

Todos tenemos un Hermano Mayor allá. Hace dos mil años Él cruzó al otro lado, y desde la orilla celestial te llama al Cielo. Demos la espalda al mundo. Cerremos nuestros oídos a su voz. Miremos a Jesús en la cruz y seamos salvos. Entonces un día veremos al Rey en Su hermosura, y ya no saldremos más.

Capítulo 3

# Dos tipos de personas

*Dos hombres subieron al Templo a orar*
(Lucas 18:10)

En nuestro mundo viven dos tipos de personas. Los primeros no sienten necesidad de un Salvador ni tienen convicción de pecado por medio del Espíritu; los segundos sí tienen convicción de pecado, y claman: «¿Qué debo hacer para ser salvo?»

Todos los que buscan pueden clasificarse en uno de dos grupos: o tienen el espíritu del fariseo o tienen el espíritu del publicano. Si alguien con el espíritu del fariseo viene a una de nuestras reuniones con preguntas, buscando entender lo que significa nacer de nuevo, no conozco mejor pasaje para sus preguntas más que Romanos 3:10-11: *Como está escrito: No hay justo, ni aun uno; no hay quien entienda, no hay quien busque a Dios.*

## Actitud del fariseo

Pablo está hablando aquí del hombre natural, o no salvo. *Todos se desviaron, a una se hicieron inútiles; no hay quien haga lo bueno, no hay ni siquiera uno* (Romanos 3:12). Y en Romanos 3:17-19: *Y no conocieron camino de paz. No hay temor de Dios delante de sus ojos. Pero sabemos que todo lo que la Ley dice, lo dice a los que están bajo la Ley, para que toda boca se cierre y todo el mundo quede bajo el juicio de Dios.*

Observa también los versículos 22 y 23: *Porque no hay diferencia, por cuanto todos pecaron y están destituidos de la gloria de Dios.* No se trata de solo una parte de la familia humana —sino de todos— *pecaron y están destituidos de la gloria de Dios.*

Otro versículo que da convicción de pecado es 1 Juan 1:8: *Si decimos que no tenemos pecado, nos engañamos a nosotros mismos y la verdad no está en nosotros.* En una ocasión tuvimos reuniones en una ciudad esteña que tenía cuarenta mil habitantes. Una señora vino y nos pidió que oráramos por su esposo, a quien pensaba traer a una de las reuniones posteriores. He viajado mucho y conocido a muchos hombres fariseos, pero este estaba tan cubierto de justicia propia que no había manera de hacerle entrar en convicción. Le dije a su esposa: –Me alegra ver tu fe, pero no logramos que él siquiera comience a ver la verdad de Dios; es el hombre más justo en sí mismo que he conocido.

Ella dijo: –¡Tienen que lograrlo! Mi corazón se romperá si estas reuniones terminan sin su conversión. Insistió en traerlo, y casi me cansé de verlo. Pero hacia el final de los treinta días de reuniones, el hombre se acercó a mí y puso su mano temblorosa sobre mi hombro.

El lugar donde se realizaban las reuniones era algo frío, con una sala contigua donde solo se había encendido el gas. Me dijo: «¿Podrías venir aquí unos minutos?»

Pensé que estaba temblando de frío, y no tenía mucho deseo de ir a un lugar más frío. Pero me dijo: «Soy el peor hombre del estado de Vermont. Quiero que ores por mí».

Pensé que debía haber cometido un asesinato u otro crimen horrible, y le pregunté:

—¿Hay algún pecado en particular que te atormente?
Respondió:

—Toda mi vida ha sido pecado. He sido un fariseo vanidoso y justo en mis propios ojos. Quiero que ores por mí.

Estaba profundamente convencido. Ningún hombre podría haber producido ese resultado, pero el Espíritu, sí. Cerca de las dos de la madrugada la luz irrumpió en su alma. Caminó por la calle principal de la ciudad contando lo que Dios había hecho por él. Desde entonces ha sido un cristiano activo.

Hay otros cuatro pasajes que suelo usar al tratar con personas que buscan respuestas, y que usó el mismo Jesús. *De cierto, de cierto te digo que el que no nace de nuevo no puede ver el reino de Dios* (Juan 3:3).

En Lucas 13:3 leemos: *Si no os arrepentís, todos pereceréis igualmente.*

En Mateo 18, cuando los discípulos vinieron a Jesús para saber quién sería el mayor en el reino de los cielos, Él llamó a un niño, lo puso en medio de ellos y dijo:

*De cierto os digo que si no os volvéis y os hacéis como niños, no entraréis en el reino de los cielos* (Mateo 18:3).

Hay otro «si no» importante en Mateo 5:20: *Si vuestra justicia no fuera mayor que la de los escribas y fariseos, no entraréis en el reino de los cielos.*

Una persona necesita estar «apta» o preparada antes de que quiera entrar al reino de Dios. Al considerar la historia del hijo pródigo, yo preferiría entrar al reino con el hermano menor que quedarme afuera con el mayor, quien *se enojó y no quería entrar* (Lucas 15:28). El Cielo sería un infierno para alguien así. Un hermano mayor que no puede regocijarse por el regreso de su hermano menor no estaría apto para el reino de Dios. Es algo solemne de contemplar, pero el telón cae y lo deja afuera, mientras el hermano menor está adentro. Al hermano mayor le serían apropiadas las palabras del Salvador en otras circunstancias: *De cierto os digo que los publicanos y las rameras van delante de vosotros al reino de Dios* (Mateo 21:31).

Una señora vino una vez a pedirme un favor para su hija. Me dijo:

– Debe recordar que no estoy de acuerdo con usted en su doctrina.

Le pregunté:

–¿Con qué no está de acuerdo?

Dijo:

–Creo que su forma de hablar del hermano mayor es horrible. Pienso que es un personaje noble.

Le dije que estaba dispuesto a escuchar su defensa de él, pero que era algo muy serio tomar esa posición, y que el hermano mayor necesitaba convertirse tanto como el menor. Cuando la gente habla de ser moral, es bueno que miren de cerca al hombre mayor suplicando a su hijo, que no quería entrar.

## Actitud del publicano

Pero ahora pasemos al otro grupo con el que debemos tratar. Está compuesto por aquellos que sí tienen convicción de pecado y de quienes surge el clamor, como del carcelero de Filipos: *¿Qué debo hacer para ser salvo?* (Hechos 16:30). A quienes claman con arrepentimiento no hace falta administrarles la ley. Ya saben que son pecadores. Es bueno llevarlos directamente a la Escritura: *Cree en el Señor Jesucristo, y serás salvo* (Hechos 16:31). Muchos te mirarán con el ceño fruncido y dirán: «No sé lo que significa creer», y aunque la ley del cielo declara que deben creer para ser salvos, aún piden algo más. Quieren que les digamos qué, dónde y cómo creer.

En Juan 3:35-36 leemos: *El Padre ama al Hijo y ha entregado todas las cosas en su mano. El que cree en el Hijo tiene vida eterna; pero el que se niega a creer en el Hijo no verá la vida, sino que la ira de Dios está sobre él.* Esto tiene sentido. El ser humano perdió la vida por la incredulidad —por no creer la palabra de Dios; recuperamos la vida creyendo —tomando a Dios en Su palabra. En otras palabras, nos levantamos donde Adán cayó. Él tropezó y cayó por la piedra de la incredulidad; nosotros nos levantamos y permanecemos firmes por la fe.

Cuando la gente dice que no puede creer, muéstrales capítulo y versículo y haz que se enfoquen en esta única cosa: «¿Ha roto Dios alguna vez una promesa en estos seis mil años?» El diablo y los hombres han intentado probarlo todo el tiempo, pero no lo han logrado con una sola de Sus promesas. Hoy habría un jubileo en el infierno si se pudiera romper una sola palabra que Él ha dicho. Si alguien dice que no puede creer, es bueno interrogarlo sobre ese punto.

Hoy puedo creerle a Dios más que a mi propio corazón. *Engañoso es el corazón más que todas las cosas, y perverso; ¿quién lo conocerá?* (Jeremías 17:9). Puedo creerle a Dios más que a mí mismo. Si quieres conocer el camino de la vida, cree que Jesucristo es un Salvador personal. Deja a un lado todas las doctrinas y credos, y acércate al corazón del Hijo de Dios. Si has estado alimentándote de doctrinas secas, ya sabes que no hay mucho crecimiento con ese tipo de alimento. Las doctrinas son al alma lo que las calles que llevan a la casa de un amigo que me ha invitado a cenar son para el cuerpo. Me llevarán allí si tomo la correcta, pero si me quedo en la calle, mi hambre nunca será saciada. Alimentarse de doctrinas es como intentar vivir de cáscaras secas; el alma que no participa del Pan bajado del cielo permanecerá desnutrida.

Algunos preguntan: «¿Cómo hago para que mi corazón se encienda?». Es por medio de la fe. No recibes poder para amar y servir a Dios hasta que crees.

El apóstol Juan dice:

> *Si recibimos el testimonio de los hombres, mayor es el testimonio de Dios; porque este es el testimonio con que Dios ha testificado acerca de su Hijo. El que cree en el Hijo de*

*Dios tiene el testimonio en sí mismo; el que no cree a Dios le ha hecho mentiroso, porque no ha creído en el testimonio que Dios ha dado acerca de su Hijo. Y este es el testimonio: que Dios nos ha dado vida eterna; y esta vida está en su Hijo. El que tiene al Hijo, tiene la vida; el que no tiene al Hijo de Dios, no tiene la vida* (1 Juan 5:9-12).

Los asuntos humanos se paralizarían si no escucháramos el testimonio de los hombres. ¿Cómo podríamos avanzar en los asuntos ordinarios de la vida, y cómo funcionaría el comercio, si ignoráramos el testimonio humano? ¡Las cosas sociales y comerciales se paralizarían en cuarenta y ocho horas! Ese es el argumento del apóstol aquí. *Si recibimos el testimonio de los hombres, mayor es el testimonio de Dios.* Dios ha dado testimonio de Jesucristo, y si el hombre puede creer en sus semejantes —que a menudo mienten y en quienes constantemente encontramos infidelidad—, ¿por qué no habríamos de aceptar a Dios en Su palabra y creer Su testimonio?

La fe es creer en un testimonio. No es un salto en la oscuridad, como algunos dicen. Eso no sería fe en absoluto. Dios no le pide a nadie que crea sin darle algo en qué creer. Sería como pedirle a un hombre que vea sin ojos, que oiga sin oídos, o que camine sin pies, si le pidiéramos que creyera sin darle un fundamento para hacerlo.

Cuando partí hacia California, obtuve una guía para viajeros. Esa guía me decía que, tras dejar el estado de Illinois, cruzaría el río Misisipi y luego el Misuri. Luego entraría a Nebraska, cruzaría las Montañas Rocosas hasta el asentamiento mormón en Salt Lake City, y viajaría por la Sierra Nevada hasta llegar a San Francisco. Fui comprobando que la guía era correcta a lo largo del trayecto, y habría sido un miserable escéptico si, habiéndola comprobado a lo largo de tres cuartas partes del camino, hubiera dicho que no creería en ella para el resto del viaje.

Supón que un hombre, al indicarme cómo llegar a la oficina de correos, me menciona diez puntos de referencia que veré en el camino, y al dirigirme allí encuentro que nueve son exactamente como me dijo. Entonces tengo buena razón para creer que estoy cerca de la oficina.

Si al creer recibo nueva vida con esperanza, paz, gozo y descanso para mi alma —cosas que nunca antes había tenido—; si obtengo dominio propio y descubro que tengo poder para resistir el mal y hacer el bien, tengo pruebas suficientes de que estoy en el camino correcto hacia *la ciudad que tiene fundamentos, cuyo arquitecto y constructor es Dios* (Hebreos 11:10).

Si las cosas han ocurrido y siguen ocurriendo tal como están registradas en la Palabra de Dios, tengo buenas razones para concluir que las promesas y profecías que aún faltan por cumplirse también se cumplirán. Sin embargo, la gente duda. No puede haber verdadera fe donde hay temor. La fe es aceptar a Dios en Su palabra, sin condiciones. No puede haber verdadera paz donde hay temor. El perfecto amor echa fuera el temor (1 Juan 4:18). ¡Qué miserable sería una esposa si dudara de su esposo, y qué angustiada se sentiría una madre si, tras la partida de su hijo, empezara a dudar del amor de él simplemente porque rara vez se comunica con ella! El verdadero amor nunca duda.

Hay tres cosas indispensables para la fe: conocimiento, asentimiento y apropiación (hacer uso personal de la fe como algo propio).

Debemos conocer a Dios. *Y esta es la vida eterna: que te conozcan a ti, el único Dios verdadero, y a Jesucristo, a quien has enviado* (Juan 17:3). Luego, no solo debemos dar nuestro asentimiento a lo que sabemos, sino que debemos aferrarnos a la verdad. Una persona no se salva simplemente por asentir al plan de salvación; también debe aceptar a Cristo como su Salvador. Debe recibirlo y apropiárselo —tomarlo como suyo—, confiar en Él de manera personal.

Algunos dicen que no pueden entender cómo la vida de una persona puede ser afectada por lo que cree. Pero basta que alguien grite que el edificio en el que estamos se está incendiando, y verás qué rápido actuamos basados en lo que creemos, y salimos. Siempre somos influenciados por lo que creemos. No podemos evitarlo. Si crees el testimonio que Dios ha dado acerca de Cristo, eso afectará tu vida por completo.

Considera Juan 5:24; en ese solo versículo hay suficiente verdad para que cada alma repose en ella para salvación. No deja espacio ni siquiera para una sombra de duda. *De cierto, de cierto os digo: El que oye mi palabra y cree al que me envió, tiene vida eterna; y no vendrá a condenación, sino que ha pasado de muerte a vida.*

Ahora bien, si una persona realmente oye la palabra de Jesús, cree de corazón en Dios (que envió a Su

Hijo para ser el Salvador del mundo), y se aferra y se apropia de esta gran salvación, no tiene por qué temer el juicio. No mirará con temor al gran trono blanco, porque leemos en 1 Juan 4:17: *En esto se ha perfeccionado el amor en nosotros, para que tengamos confianza en el día del juicio; pues como él es, así somos nosotros en este mundo.* Si creemos, no hay condenación para nosotros, no hay juicio. Eso quedó atrás; tendremos confianza en el día del juicio.

Recuerdo haber leído acerca de un hombre que estaba siendo juzgado y corría peligro su vida. Tenía amigos influyentes que consiguieron un indulto del rey con la condición de que debía pasar por el juicio y ser condenado. Entró en el tribunal con el indulto en el bolsillo. La opinión pública estaba muy en su contra, y el juez comentó que a la corte le parecía escandaloso que el acusado se mostrara tan despreocupado. Pero cuando se dictó sentencia, el hombre sacó el indulto, lo presentó, y salió libre. Había sido perdonado, y nosotros también lo hemos sido. Que venga la muerte, no tenemos nada que temer. Todos los sepultureros del mundo no podrían cavar una tumba lo suficientemente grande ni profunda como para contener la vida eterna. Todos los fabricantes de ataúdes del mundo no podrían construir uno lo bastante grande ni hermético como para retener la vida eterna. La muerte tuvo en sus manos a Cristo una vez, pero nunca más.

Jesús dijo: *Yo soy la resurrección y la vida; el que cree en mí, aunque esté muerto, vivirá. Y todo aquel que vive y cree en mí, no morirá eternamente* (Juan 11:25-26). En el libro de Apocalipsis leemos que el Salvador resucitado le dijo a Juan: *Yo soy el que vive. Estuve muerto, pero ahora vivo por los siglos de los siglos* (Apocalipsis 1:18). La muerte no puede tocarlo de nuevo.

Recibimos la vida al creer. De hecho, recibimos más de lo que Adán perdió, porque el hijo de Dios redimido es heredero de una herencia más rica y gloriosa de lo que Adán en el jardín del Edén jamás pudo imaginar, y sí, esa herencia perdura para siempre. Es absoluta y no puede ser arrebatada.

Prefiero mil veces tener mi vida escondida con Cristo en Dios que haber vivido en el Edén. Aunque Adán hubiera estado allí diez mil años antes de pecar y caer, igualmente habría tenido que salir del jardín. En Cristo Jesús estamos seguros para siempre. El creyente está más seguro que Adán si estas verdades se le hacen reales. Hagámoslas un hecho, no una ficción. Dios lo ha dicho; eso basta. Confiemos en Él, aun cuando no podamos verlo. Tengamos la misma confianza que tuvo la pequeña Maggie en el siguiente relato sencillo pero conmovedor, que leí en *The Bible Treasury*:

> Había estado varios días fuera de casa, y al acercarme nuevamente, me preguntaba si mi pequeña Maggie, que apenas podía sentarse sola, me recordaría. Para poner a prueba su memoria me situé en un lugar donde podía verla, pero ella no podía verme, y la llamé con el tono familiar: «¡Maggie!» Soltó sus juguetes, miró alrededor del cuarto y luego volvió la vista hacia sus juguetes. Volví a llamarla: «¡Maggie!»

> Una vez más miró alrededor del cuarto, pero al no ver el rostro de su padre se entristeció y retomó lentamente su juego. Una vez más llamé: «¡Maggie!». Soltó sus juguetes y rompió en llanto, mientras estiraba sus brazos hacia la dirección de donde venía la voz. Sabía que, aunque no podía verme, yo debía estar allí, porque reconocía mi voz.

Ahora, tenemos poder para ver y oír, y tenemos poder para creer. Es una necedad que los que dudan digan que no pueden creer. Sí pueden, si quieren. Pero el problema de la mayoría es que han vinculado el sentir con el creer. El sentimiento no tiene nada que ver con la fe. La Biblia no dice «el que siente» ni «el que siente y cree» tiene vida eterna. Nada de eso. Jesús dijo: *El que cree tiene vida eterna* (Juan 6:47). Yo no puedo controlar mis sentimientos. Si pudiera, nunca me sentiría mal ni tendría dolor de cabeza o de muelas. Estaría bien todo el tiempo. Pero sí puedo creer en Dios; si ponemos nuestros pies sobre esa Roca, aunque vengan dudas y temores y las olas nos rodeen, el ancla resistirá.

Algunas personas están todo el tiempo mirando su fe. La fe es la mano que recibe la bendición. Escuché esta ilustración sobre un mendigo. Supón que te encuentras con un hombre en la calle que sabes que ha sido mendigo por años. Le ofreces dinero y él te dice:

– Gracias, pero no quiero tu dinero. Ya no soy mendigo.

– ¿Cómo es eso?

– Anoche un hombre puso mil dólares en mis manos.

– ¿De verdad? ¿Cómo supiste que era dinero bueno?

– Lo llevé al banco, lo deposité y obtuve una libreta.

– ¿Cómo obtuviste ese regalo?

– Pedí limosna, y después de hablar conmigo, el caballero sacó mil dólares en efectivo y me los puso en la mano.

– ¿Cómo sabes que los puso en la mano correcta?

– ¿Qué me importa en qué mano los puso, con tal de que yo recibiera el dinero?

Muchas personas se preguntan constantemente si la fe con la que recibieron a Cristo es la correcta, pero lo que es mucho más esencial es estar seguros de tener al Cristo correcto.

La fe es el ojo del alma, y ¿quién pensaría en sacarse un ojo para ver si es del tipo correcto mientras vea perfectamente? No es mi sentido del gusto lo que satisface el apetito, sino lo que saboreo. Así que, queridos amigos, lo que nos salva es aceptar a Dios creyendo en Su Palabra. La verdad no puede hacerse más simple.

Un hombre que vive en la ciudad de Nueva York tiene una casa junto al río Hudson. Su hija y su familia fueron a pasar el invierno con él, y durante la temporada estalló un brote de escarlatina. Una de las niñas debió estar en cuarentena, separada del resto. Cada mañana, el abuelo iba a despedirse de ella antes de ir a trabajar. En una de esas ocasiones, la pequeña tomó al anciano de la mano y lo llevó a una esquina del cuarto. Sin decir una palabra, señaló el suelo donde había acomodado galletas en forma de letras: «Abuelito, quiero una caja de pinturas». Él no dijo nada. Al regresar esa tarde, colgó su abrigo y fue a verla como siempre. La niña, sin mirar si su deseo había sido cumplido, lo llevó a la misma esquina. Allí había ahora galletas que decían: «Abuelito, gracias por la caja de pinturas». El anciano no habría dejado de complacerla por nada. Eso es fe.

La fe es aceptar a Dios creyendo en Su Palabra, y quienes siempre están buscando una señal, invariablemente terminan con problemas. Si Dios lo dice, entonces creámosle.

Pero algunos dicen que la fe es un don de Dios. También lo es el aire, pero tienes que respirarlo. También lo es el pan, pero tienes que comerlo. También lo es el agua, pero tienes que beberla. Algunos esperan una especie de sentimiento milagroso. Eso no es fe. *Así que la fe es por el oír, y el oír, por la palabra de Cristo* (Romanos 10:17). De allí viene la fe. No me corresponde quedarme sentado esperando que la fe me envuelva con una sensación extraña; me corresponde aceptar a Dios creyendo en Su Palabra. No puedes creer sin tener algo en qué creer. Toma la Palabra tal como está escrita y aprópiatela. Recláma como tuya y aférrate a ella.

En Juan 6:47-48 leemos: *De cierto, de cierto os digo: El que cree tiene vida eterna. Yo soy el pan de vida*. El pan está cerca. Participa de él. Podría tener miles de panes en mi casa y miles de personas hambrientas esperando recibir uno. Podrían reconocer que el pan está allí, pero a menos que cada uno tome un pan y empiece a comer, no saciarán su hambre. Así es Cristo, el pan del Cielo, y así como el cuerpo se alimenta de comida natural, el alma debe alimentarse de Cristo.

Si un hombre que se está ahogando ve que le lanzan

una cuerda para salvarlo, debe aferrarse a ella; para hacerlo, debe soltar todo lo demás. Si un hombre está enfermo, debe tomar la medicina, porque con solo mirarla no sanará. Un conocimiento de Cristo no ayudará al incrédulo a menos que crea en Él y lo reciba como su única esperanza. Los israelitas mordidos por serpientes pudieron haber creído que la serpiente había sido levantada en el asta, pero si no la miraban, no vivirían (Números 21:6-9).

Creo que cierto transatlántico me llevará al otro lado del océano porque ya lo he probado; pero esto no servirá de nada a otro hombre que quiera cruzar, a menos que actúe sobre lo que yo sé. Así también, el conocimiento de Cristo no nos ayuda a menos que actuemos sobre él. Eso es lo que significa creer en el Señor Jesucristo: actuar conforme a lo que creemos. Así como alguien sube a bordo de un barco para cruzar el Atlántico, así debemos recibir a Cristo y confiarle nuestras almas. Él ha prometido guardar a salvo a todos los que ponen su confianza en Él. Creer en el Señor Jesucristo es simplemente aceptarlo creyendo en Su Palabra.

Capítulo 4

# Palabras de consejo

*No quebrará la caña cascada.*
(Isaías 42:3; Mateo 12:20)

Es peligroso que quienes están buscando la salvación se apoyen en la experiencia de otros y no pasen a experimentar la salvación por sí mismos. Muchos están esperando repetir la experiencia de su abuelo o abuela. Un amigo mío se convirtió en un campo, y cree que todo el pueblo debería ir a ese prado para convertirse. Otro se convirtió bajo un puente, y piensa que si cualquier incrédulo va allí, encontrará al Señor. Lo mejor para el alma ansiosa es ir directamente a la Palabra de Dios. Si hay personas en el mundo para quienes la Palabra debería ser muy preciosa, son aquellas que están preguntando cómo ser salvas.

Por ejemplo, un hombre puede decir: «No tengo fuerzas». Que lea Romanos 5:6: *Porque Cristo, cuando aún éramos débiles, a su tiempo murió por los impíos.* Es precisamente porque no tenemos fuerzas que necesitamos a Cristo. Él ha venido a dar fuerzas a los débiles.

Otro puede decir: «No puedo ver». Cristo dice: *Yo soy la luz del mundo* (Juan 8:12). Él vino no solo a dar luz, sino para abrir *los ojos de los ciegos* (Isaías 42:7).

Otro puede decir: «No creo que una persona pueda ser salva de inmediato». Una persona con esa opinión estaba una noche en la sala de consultas, y le mostré Romanos 6:23: *Porque la paga del pecado es muerte, pero la dádiva de Dios es vida eterna en Cristo Jesús, Señor nuestro.* ¿Cuánto tiempo se tarda en aceptar un regalo? Tiene que haber un momento en que no lo tienes y otro en que ya es tuyo. Un momento en que es de otro y al siguiente ya es tuyo. No toma seis meses recibir la vida eterna. Puede ser como el grano de mostaza, muy pequeño al principio. Algunas personas se convierten tan gradualmente que, como la luz del amanecer, es imposible decir cuándo comenzó la claridad; mientras que con otras, es como un relámpago y la verdad irrumpe de repente. Yo ni siquiera cruzaría la calle para demostrar cuándo me convertí, pero lo importante es saber que en verdad me he convertido.

Un niño puede ser criado con tanto cuidado que sea imposible señalar cuándo comenzó su nuevo nacimiento, pero tiene que haber habido un momento en que ocurrió el cambio y llegó a participar de la naturaleza divina.

Algunas personas no creen en la conversión repentina, pero desafío a cualquiera a que me muestre una conversión en el Nuevo Testamento que no haya sido instantánea. *Pasando Jesús de allí, vio a un hombre llamado Mateo, sentado al banco de los tributos públicos, y le dijo: 'Sígueme'. Y se levantó y lo siguió* (Mateo 9:9). Nada pudo haber sido más repentino que eso.

Zaqueo, el publicano, quería ver a Jesús y como era pequeño de estatura subió a un árbol. *Cuando Jesús llegó a aquel lugar, miró hacia arriba y le dijo: 'Zaqueo, date prisa, desciende'* (Lucas 19:5). Su conversión debió de haber ocurrido entre la rama y el suelo. Se nos dice que recibió a Jesús gozoso y dijo: *Señor, la mitad de mis bienes doy a los pobres; y si en algo he defraudado a alguno, le devuelvo cuadruplicado* (Lucas 19:8). Muy pocos en nuestro tiempo podrían decir algo semejante como prueba de su conversión.

Toda la casa de Cornelio fue convertida de manera repentina. Pedro le predicó a él y a los que estaban con él, el Espíritu Santo descendió sobre ellos, y fueron bautizados (Hechos 10).

El día de Pentecostés tres mil personas recibieron la Palabra con gozo. No solo fueron convertidas, sino también bautizadas ese mismo día (Hechos 2).

Cuando Felipe hablaba con el eunuco mientras iban por el camino, el eunuco dijo: *¡Mira! Agua. ¿Qué impide que yo sea bautizado?* Felipe dijo: *Si crees con todo tu corazón, puedes.* Bajaron al agua, y aquel hombre de gran autoridad bajo Candace, reina de los etíopes, fue bautizado y siguió su camino gozoso (Hechos 8:26-38). En toda la Escritura encontrarás que las conversiones eran repentinas e instantáneas.

Supongamos que un hombre ha tenido el hábito de robar dinero a su empleador. Si ha tomado 1.000

dólares este año, ¿deberíamos decirle que tome solo 500 el próximo año y menos el siguiente y así sucesivamente, hasta que en cinco años solo tome 50? Ese enfoque estaría basado en el mismo principio de la conversión gradual.

Si esa persona fuera llevada ante la corte y se le perdonara porque no puede cambiar su vida de crimen de inmediato, sería considerado un procedimiento muy extraño.

La Biblia dice: *El que robaba, no robe más* (Efesios 4:28). ¡Es un giro completo, una inversión de rumbo! Supón que una persona tiene el hábito de maldecir cien veces al día. ¿Deberíamos aconsejarle que no blasfeme más de noventa veces al día siguiente, ochenta al siguiente, hasta que eventualmente deje el hábito? El Salvador dice: *No juréis en ninguna manera* (Mateo 5:34).

Supongamos que otro hombre tiene el hábito de emborracharse y golpear a su esposa dos veces al mes; si luego solo la golpea una vez al mes, y luego una vez cada seis meses, eso sería tan razonable como la conversión gradual. Imagina que Ananías hubiera sido enviado a Pablo, quien iba camino a Damasco respirando ira y amenazas de muerte contra los discípulos. ¿Le habría dicho Ananías que no matara a tantos como tenía pensado o que dejara que el odio se fuera apagando poco a poco, pero no de golpe? ¿Y si a Pablo le hubieran dicho que no dejara de amenazar tan rápido o que no predicara a Cristo de inmediato, porque los filósofos dirían que el cambio fue tan repentino que no duraría? Ese sería el mismo tipo de razonamiento que usan los que no creen en la conversión instantánea.

Luego hay otro grupo que dice tener miedo de que los nuevos creyentes no se mantengan firmes, que puedan apartarse de Jesús. Este grupo es numeroso y muy esperanzador. Me gusta ver a un hombre desconfiar de sí mismo. Es bueno que estas personas miren a Dios y recuerden que no es el ser humano quien sostiene a Dios, sino que Dios nos sostiene a nosotros. Algunos quieren recibir a Cristo, pero lo importante es que Cristo te reciba a ti en respuesta a la oración. Que las personas en esta situación lean el Salmo 121:

> *Alzaré mis ojos a los montes, ¿de dónde vendrá mi socorro?*
>
> *Mi socorro viene de Jehová, que hizo los cielos y la tierra.*
>
> *No dará tu pie al resbaladero, ni se dormirá el que te guarda.*
>
> *He aquí, no se adormecerá ni dormirá el que guarda a Israel.*
>
> *Jehová es tu guardador; Jehová es tu sombra a tu mano derecha.*
>
> *El sol no te fatigará de día, ni la luna de noche.*
>
> *Jehová te guardará de todo mal; Él guardará tu alma.*
>
> *Jehová guardará tu salida y tu entrada desde ahora y para siempre.*

Alguien lo llamó el salmo del viajero. Es un salmo hermoso para quienes somos peregrinos en este mundo, y deberíamos estar bien familiarizados con él.

Dios puede hacer lo que ya ha hecho antes. Guardó a José en Egipto, a Moisés ante el faraón, a Daniel en Babilonia, y fortaleció a Elías para que se presentara ante Acab en aquella época oscura. Estoy tan agradecido de que estos fueron hombres *sujetos a pasiones semejantes a las nuestras* (Santiago 5:17). Fue Dios quien los hizo tan grandes. Lo que necesitamos hacer es mirar a Dios. La verdadera fe es la del hombre que en su debilidad se apoya en la fortaleza de Dios. Cuando el hombre no tiene fuerza, puede apoyarse en Dios y volverse poderoso. El problema es que tenemos demasiada fuerza propia y confianza en nosotros mismos.

Hebreos 6:17-20 transmite un mensaje similar:

> *Por lo cual, queriendo Dios mostrar más abundantemente a los herederos de la promesa la inmutabilidad de su consejo, interpuso juramento; para que por dos cosas inmutables, en las cuales es imposible que Dios mienta, tengamos un fortísimo consuelo los que hemos acudido para asirnos de la esperanza puesta delante de nosotros. La cual tenemos como segura y firme ancla del alma, y que penetra hasta dentro del velo, donde Jesús entró por nosotros como precursor, hecho sumo sacerdote para siempre según el orden de Melquisedec.*

Estos son versículos preciosos para aquellos que temen caer, que temen no perseverar. Es tarea de Dios sostener. Es deber del pastor cuidar a las ovejas. ¿Quién ha oído de ovejas que van a buscar al pastor? Hay personas con la idea de que deben sostenerse a sí mismas y también a Cristo. Esa es una idea errónea. El trabajo del Buen Pastor es cuidar de Sus ovejas y cuidar de quienes confían en Él. Él ha prometido hacerlo. Una vez escuché que cuando un capitán de barco estaba muriendo, dijo: «Gloria a Dios; el ancla se mantiene firme». Él confiaba en Cristo. Su ancla se había aferrado a la Roca sólida. Un irlandés dijo una vez que él temblaba, pero la Roca nunca lo hacía. Queremos tener un fundamento seguro.

En 2 Timoteo 1:12, Pablo dice: *Yo sé a quién he creído y estoy seguro de que es poderoso para guardar mi depósito para aquel día*. Esa era la persuasión de Pablo.

Durante la guerra de secesión, uno de los capellanes recorría los hospitales y llegó hasta un hombre moribundo. Al enterarse de que era cristiano, el capellán preguntó a qué denominación o grupo religioso pertenecía, y le respondieron:

—A la persuasión de Pablo.

—¿Es metodista? —preguntó el capellán, pues los metodistas afirman que Pablo es suyo.

—No.

—¿Es presbiteriano? —ya que los presbiterianos también reclaman a Pablo.

—No —fue la respuesta.

—¿Pertenece a la Iglesia Episcopal? — porque nuestros hermanos episcopales también reclaman al apóstol.

—No —respondió, tampoco era episcopal.

—Entonces, ¿a qué persuasión pertenece?

—Yo *...estoy seguro de que es poderoso para guardar mi depósito para aquel día.*

Esa es una gran persuasión, y le dio descanso al soldado moribundo en su última hora.

*Yo estoy seguro de que es poderoso para guardar mi depósito para aquel día.* Esa es una gran persuasión, y le dio descanso al soldado moribundo en su última hora.

A los que temen no perseverar les invito a leer Judas versículo 24: *Y a Aquel que es poderoso para guardaros sin caída y presentaros sin mancha delante de su gloria con gran alegría.*

Luego Isaías 41:10: *No temas, porque yo estoy contigo; no desmayes, porque yo soy tu Dios que te esfuerzo; siempre te ayudaré, siempre te sustentaré con la diestra de mi justicia.*

Y el versículo 13: *Porque yo Jehová soy tu Dios, quien te sostiene de tu mano derecha y te dice: No temas, yo te ayudo.*

Ahora bien, si Dios tiene mi mano derecha en la Suya, ¿acaso no puede sostenerme y guardarme? ¿Acaso no tiene poder para hacerlo? El gran Dios que hizo los cielos y la tierra puede guardar a un pobre pecador como tú y como yo, si confiamos en Él. Negarse a confiar en Dios por miedo a caer sería como un hombre que rechaza un perdón por temor a volver a prisión, o como un náufrago que se niega a ser rescatado porque tiene miedo de volver a caer al agua.

Muchos miran la vida cristiana y temen no tener la fuerza suficiente para perseverar hasta el fin. Olvidan la promesa: *Como tus días serán tus fuerzas*

(Deuteronomio 33:25). Me recuerda al péndulo del reloj que se desanimó al pensar en la distancia diaria y repetida que tenía que recorrer, pero al recordar que sería «tic, tic, tic», recuperó el ánimo para continuar. Así también, el privilegio especial del cristiano es encomendarse al cuidado del Padre celestial y confiar en Él día a día. Es un consuelo saber que el Señor no empieza una buena obra sin terminarla (Filipenses 1:6).

Hay dos tipos de escépticos. Uno tiene dificultades sinceras y busca respuestas; el otro solo quiere discutir, sin oír ni razonar. Solía pensar que este último tipo siempre sería una espina en mi carne, pero ya no me molestan. Ahora sé que voy a encontrarlos en el camino. Hombres así solían rodear a Cristo para atraparlo en Sus palabras. Vienen a nuestras reuniones a debatir. A ellos les recomiendo el consejo de Pablo a Timoteo: *Pero desecha las cuestiones necias e insensatas, sabiendo que engendran contiendas* (2 Timoteo 2:23). Muchos nuevos convertidos cometen el error de pensar que deben defender toda la Biblia. Yo sabía muy poco cuando me convertí, y creía que debía defenderla de principio a fin frente a todos, pero un escéptico en Boston me desarmó con sus argumentos y me desanimó. Ya me he recuperado de eso. No pretendo entender todo lo que dice la Palabra de Dios.

Cuando me preguntan qué hago con esas partes, digo:
—No hago nada.
—¿Cómo las explicas?
—No las explico.
—¿Entonces qué haces con ellas?
—Las creo.

Y cuando me dicen: «Yo no creería nada que no entienda», simplemente respondo que yo sí. Muchas cosas que eran oscuras y misteriosas para mí hace cinco años, ahora las entiendo. Y espero seguir descubriendo nuevas cosas de Dios por toda la eternidad. Me propongo no discutir pasajes controvertidos. Un predicador anciano decía que algunas personas, si van a comer pescado, comienzan por buscar las espinas. En mi caso, dejo esas cosas hasta que pueda verlas con claridad. No tengo la obligación de explicar lo que no comprendo. *Las cosas secretas pertenecen a Jehová, nuestro Dios, pero las reveladas son para nosotros y para nuestros hijos para siempre* (Deuteronomio 29:29). Tomo esas y me alimento de ellas para obtener fortaleza espiritual.

Hay un buen consejo en Tito 3:9: *Pero evita las cuestiones necias, como genealogías, contiendas y discusiones acerca de la Ley, porque son vanas y sin provecho.*

Si me encuentro con un escéptico sincero, trato con él tan tiernamente como una madre con su hijo enfermo. No tengo simpatía por quienes, al toparse con un escéptico, lo descartan y no quieren tener trato con él.

Estaba en una reunión de consejería hace algún tiempo, y llevé a una escéptica con una cristiana que conocía, pensando que la trataría bien. Poco después noté que la visitante se iba del salón. Pregunté:

– ¿Por qué la dejaste ir?

– Oh, ¡es una escéptica! –, fue la respuesta.

Corrí a la puerta y la detuve. La presenté a otro obrero cristiano, quien pasó más de una hora conversando y orando con ella. La visitó a ella y a su esposo, y en el transcurso de una semana, aquella mujer inteligente abandonó su escepticismo y se convirtió en una cristiana activa. Tomó tiempo, tacto y oración, pero si esa persona es sincera, debemos tratarla como el Maestro nos habría tratado a nosotros.

Aquí hay algunos pasajes para quienes dudan y buscan respuestas: *El que quiera hacer la voluntad de Dios, conocerá si la doctrina es de Dios o si yo hablo por mi propia cuenta* (Juan 7:17). Si una persona no está dispuesta a hacer la voluntad de Dios, no entenderá la doctrina. No hay escépticos que ignoren que Dios quiere que abandonen el pecado. Si una persona está dispuesta a apartarse del pecado, aceptar la luz y dar gracias a Dios por lo que Él le da —sin esperar comprender toda la Biblia de una sola vez—, irá recibiendo más luz día a día, avanzando paso a paso, hasta salir de la oscuridad y entrar en la luz clara del Cielo.

En Daniel 12:10 se nos dice: *Muchos serán limpios, emblanquecidos y purificados; los impíos procederán impíamente, y ninguno de los impíos entenderá; pero los entendidos comprenderán.* Dios nunca revelará Sus secretos a Sus enemigos. ¡Nunca! Y si una persona insiste en vivir en pecado, no conocerá las doctrinas de Dios.

*La comunión íntima de Jehová es con los que lo temen, y a ellos hará conocer su pacto* (Salmo 25:14). En Juan 15:15 leemos: *Ya no os llamaré siervos, porque el siervo no sabe lo que hace su señor; pero os he llamado amigos, porque todas las cosas que oí de mi Padre os las he dado a conocer.* Cuando uno se hace amigo de Cristo, conocerá Sus secretos. *Jehová dijo: ¿Encubriré yo a Abraham lo que voy a hacer?* (Génesis 18:17).

Quienes se parecen a Dios son los más propensos a entender a Dios. Si una persona no está dispuesta a abandonar el pecado, no conocerá la voluntad de Dios ni Él le revelará Sus secretos. Pero si alguien está dispuesto a dejar el pecado, ¡se sorprenderá de cómo entra la luz!

Recuerdo una noche en la que la Biblia me parecía el libro más seco y oscuro del universo. Al día siguiente, fue totalmente distinta. Pensé que tenía la llave. Había nacido del Espíritu. Pero antes de conocer la mente de Dios tuve que renunciar al pecado. Creo que Dios se encuentra con cada alma en el punto de la entrega personal, cuando está dispuesta a dejarse guiar por Él. El problema de muchos escépticos es su orgullo. Creen saber más que el Todopoderoso y no se acercan con un espíritu interesado en aprender. Pero en el momento en que alguien se acerca con un espíritu receptivo, es bendecido. *Si alguno de vosotros tiene falta de sabiduría, pídala a Dios, el cual da a todos abundantemente y sin reproche, y le será dada* (Santiago 1:5).

Capítulo 5

# Un Salvador Divino

*Tú eres el Cristo, el Hijo del Dios viviente*
(Mateo 16:16; Juan 6:69)

Un grupo de escépticos no cree en la divinidad de Cristo. Muchos pasajes arrojan luz sobre este tema. En 1 Corintios 15:47 se nos dice: *El primer hombre es de la tierra, terrenal; el segundo hombre, que es el Señor, es del cielo.*

Primera de Juan 5:20 dice: *Pero sabemos que el Hijo de Dios ha venido, y nos ha dado entendimiento para conocer al que es verdadero; y estamos en el verdadero, en su Hijo Jesucristo. Este es el verdadero Dios y la vida eterna.*

Leamos Juan 17:3: *Y esta es la vida eterna: que te conozcan a ti, el único Dios verdadero, y a Jesucristo, a quien has enviado.*

Consideremos también Marcos 14:60-64:

> *Entonces el sumo sacerdote, levantándose en medio, preguntó a Jesús, diciendo: —¿No respondes nada? ¿Qué testifican estos contra ti? Pero él callaba y nada respondía. El Sumo sacerdote le volvió a preguntar: —¿Eres tú el Cristo, el Hijo del Bendito? Jesús le dijo: —Yo soy. Y veréis al Hijo del hombre sentado a la diestra del poder de Dios y viniendo en las nubes del cielo. Entonces el Sumo sacerdote, rasgando su vestidura, dijo: —¿Qué más necesidad tenemos de testigos? Habéis oído la blasfemia; ¿qué os parece? Y todos ellos lo condenaron, declarándolo digno de muerte.*

Lo que me llevó a creer en la divinidad de Cristo fue esto: no sabía cómo clasificar a Cristo, ni qué hacer con Él si no fuera divino. Cuando era niño pensaba que era un buen hombre, como Moisés, José o Abraham. Incluso pensaba que era el mejor hombre que jamás había vivido. Pero descubrí que Cristo hacía una afirmación mucho más elevada. Afirmaba ser hombre y uno con Dios, ser divino y haber venido del Cielo. Dijo: *Antes que Abraham fuera, yo soy* (Juan 8:58). No podía entender esto, y llegué a la conclusión —y desafío a cualquier persona honesta a que refute esta deducción o rebatir el argumento— de que Jesucristo es, o bien un impostor y farsante, o es el Dios-Hombre, Dios manifestado en carne.

Aquí hay algunas razones por las que esto debe ser así. El primer mandamiento dice: *No tendrás dioses ajenos delante de mí* (Éxodo 20:3). Observa los millones en el mundo cristiano que adoran a Jesucristo como Dios. Si Jesús no es Dios, esto es idolatría. Todos seríamos culpables de quebrantar el primer mandamiento si Jesucristo fuera solo un hombre, un ser creado, y no lo que afirma ser.

Algunos que no admiten Su divinidad dicen que fue el mejor hombre que jamás vivió; pero si no fuera divino no debería considerarse un hombre bueno, porque reclamó un honor y dignidad que, según estas personas, no Le pertenecían. Eso lo clasificaría como un farsante.

Otros dicen que Él pensaba que era divino pero estaba equivocado, como si Jesucristo hubiera estado engañado y creyera ser más de lo que era. ¡No puedo imaginar peor opinión de Cristo que esa! Eso no solo lo haría un impostor, sino también alguien fuera de sus cabales, que no sabía quién era ni de dónde venía. Ahora bien, si Jesucristo no era quien decía ser —el Salvador del mundo—, y si no vino del Cielo, entonces fue un farsante.

Pero, ¿cómo puede alguien leer la vida de Jesucristo y decir que fue un farsante? Un hombre normalmente tiene algún motivo para ser impostor. ¿Cuál fue el motivo de Cristo? Sabía que el camino que recorría lo llevaría a la cruz, que su nombre sería desechado como vil, y que muchos de Sus seguidores serían llamados a dar la vida por Él. Casi todos los apóstoles fueron mártires, considerados como desechos entre la gente. Si un hombre es impostor, hay un interés oculto tras su hipocresía. ¿Pero cuál fue el interés de Cristo? El registro que tenemos es que Él *anduvo haciendo bien* (Hechos 10:38 - NBLA). Eso no es obra de un impostor. No permitas que el enemigo de tu alma te engañe.

En Juan 5:21-23 leemos:

*Como el Padre levanta a los muertos y les da vida, así también el Hijo a los que quiere da vida, porque el Padre a nadie juzga, sino que todo el juicio dio al Hijo, para que todos honren al Hijo como honran al Padre. El que no honra al Hijo no honra al Padre, que lo envió.*

Según la ley judía, si un hombre era blasfemo debía ser condenado a muerte; si Jesucristo fuera solo un ser humano, entonces claramente sería blasfemia decir: *El que no honra al Hijo no honra al Padre, que lo envió.* Eso sería una blasfemia total si Cristo no fuera divino. Si Moisés, Elías, Eliseo o cualquier otro mortal hubiese dicho: «Debes honrarme como honras a Dios», poniéndose al nivel de Dios, sería absoluta blasfemia.

Los judíos condenaron a muerte a Cristo porque decían que Él no era quien afirmaba ser. Fue por ese testimonio que se le puso bajo juramento. El sumo sacerdote dijo: *Te conjuro por el Dios viviente que nos digas si eres tú el Cristo, el Hijo de Dios* (Mateo 26:63). *Lo rodearon los judíos y le dijeron: —¿Hasta cuándo nos tendrás en suspenso? Si tú eres el Cristo, dínoslo abiertamente.* Jesús dijo: *El Padre y yo uno somos. Entonces los judíos volvieron a tomar piedras para apedrearlo* (Juan 10:24, 30-31). Dijeron que no querían escuchar más, pues eso era blasfemia. Fue por declararse Hijo de Dios que Jesús fue condenado y llevado a la muerte (Mateo 26:63-66).

Ahora bien, si Jesucristo solo fuera un hombre, entonces los judíos actuaron correctamente según su ley al condenarlo. En Levítico 24:16 leemos: *El que blasfeme contra el nombre de Jehová ha de ser muerto; toda la congregación lo apedreará. Tanto el extranjero como el natural, si blasfema contra el Nombre, que muera.* Esta ley les obligaba a condenar a muerte a todo blasfemo. Fue su declaración de ser divino lo que Le costó la vida y, según la Ley de Moisés, debía sufrir la pena capital. En Juan 16:15 Jesús dice: *Todo lo que tiene el Padre es mío; por eso dije que tomará de lo mío y os lo hará saber.* ¿Cómo podría ser simplemente un buen hombre y usar ese lenguaje? Desde que me convertí nunca he tenido la más mínima duda sobre este punto. A un pecador notorio se le preguntó una vez cómo podía probar la divinidad de Cristo. Su respuesta fue: «Pues, me ha salvado; ¿no es eso una buena prueba?».

Un incrédulo me dijo una vez:

—He estado estudiando la vida de Juan el Bautista, Sr. Moody. ¿Por qué no predica más sobre él? Fue un personaje más grande que Cristo. Usted haría una obra mayor.

Le respondí:

—Amigo, predique usted a Juan el Bautista, y yo lo seguiré predicando a Cristo, y veremos quién hace más bien.

—Usted hará más bien —me dijo— porque la gente es muy supersticiosa.

¡Ah! Juan fue decapitado, y sus discípulos pidieron su cuerpo y lo sepultaron, pero Cristo ha resucitado de los muertos. *Subiste a lo alto, tomaste cautivos. Tomaste dones de los hombres* (Salmo 68:18). Nuestro Cristo vive. Muchos aún no han descubierto que Cristo resucitó de la tumba. Adoran a un Salvador muerto. Son como María Magdalena, quien dijo: *Se han llevado a mi Señor y no sé dónde lo han puesto* (Juan 20:13). Ese es el problema de quienes dudan de la divinidad de nuestro Señor.

Mira ahora Mateo 18:20: *Porque donde están dos o tres congregados en mi nombre, allí estoy yo en medio de ellos.* Bueno, si Jesús es solo un hombre, ¿cómo puede estar allí? Todos estos pasajes son contundentes. Mira también Mateo 28:18: *Toda potestad me es dada en el cielo y en la tierra.* ¿Podría un mero hombre hablar así? *Toda potestad me es dada en el cielo y en la tierra.* Lee Mateo 28:20: *Enseñándoles que guarden todas las cosas que os he mandado; y he aquí, yo estoy con vosotros todos los días, hasta el fin del mundo.* Si fuera solo un hombre, ¿cómo podría estar con nosotros? Y sin embargo, Él dice: *Yo estoy con vosotros todos los días, hasta el fin del mundo.*

Ahora veamos Marcos 2:7-9:

*¿Por qué habla este así? Blasfemias dice. ¿Quién puede perdonar pecados, sino solo Dios? Y conociendo luego Jesús en su espíritu que pensaban así dentro de sí mismos, les dijo: ¿Por qué pensáis estas cosas en vuestros corazones? ¿Qué es más fácil, decir*

> *al paralítico: Tus pecados te son perdonados, o decirle: Levántate, toma tu lecho y anda?*

Algunos te dirán: «¿Acaso Eliseo no resucitó a un muerto también?». Pero observa que en los pocos casos en que los hombres resucitaron muertos, lo hicieron por el poder de Dios. Invocaban a Dios para hacerlo. Cuando Cristo estuvo en la tierra, no necesitó invocar al Padre para dar vida a los muertos. Cuando fue a la casa de Jairo, dijo: *Niña, a ti te digo, levántate* (Marcos 5:41).

Él tenía poder para impartir vida. Cuando llevaban al joven de Naín, Jesús tuvo compasión de la viuda y se acercó al féretro y dijo: *Joven, a ti te digo, levántate* (Lucas 7:14). Habló, y el muerto se levantó. Cuando resucitó a Lázaro, clamó a gran voz: *¡Lázaro, ven fuera!* (Juan 11:43). Lázaro oyó y salió. Alguien ha dicho que fue bueno que mencionara el nombre de Lázaro, porque si no lo hubiera hecho todos los muertos que oyeran Su voz habrían resucitado de inmediato.

En Juan 5:25, Jesús dice: *De cierto, de cierto os digo: Viene la hora, y ahora es, cuando los muertos oirán la voz del Hijo de Dios; y los que la oyeren vivirán*. ¡Qué blasfemia habría sido esto si Él no fuera divino! La prueba es abrumadora si tan solo examinas la Palabra de Dios.

Y otra cosa más: ningún hombre bueno, excepto Jesucristo, ha permitido jamás que alguien lo adorara. Cuando ocurrió, Jesús nunca reprendió al adorador. En Juan 9:38 leemos que cuando Cristo halló al ciego, este dijo: *Señor, creo. Y lo adoró*. El Señor no lo reprendió.

Apocalipsis 22:6-9 dice:

> *Me dijo: «Estas palabras son fieles y verdaderas. El Señor, el Dios de los espíritus de los profetas, ha enviado su ángel para mostrar a sus siervos las cosas que deben suceder pronto». ¡Vengo pronto! Bienaventurado el que guarda las palabras de la profecía de este libro.» Yo, Juan, soy el que oyó y vio estas cosas. Después que las hube oído y visto, me postré a los pies del ángel que me mostraba estas cosas, para adorarlo. Pero él me dijo: «¡Mira, no lo hagas!, pues yo soy consiervo tuyo, de tus hermanos los profetas y de los que guardan las palabras de este libro. ¡Adora a Dios!*

Vemos aquí que ni siquiera ese ángel permitió que Juan lo adorara. ¡Ni siquiera un ángel del cielo! Y si Gabriel descendiera desde la presencia de Dios sería pecado adorarlo, así como a cualquier serafín, querubín, a Miguel o a cualquier arcángel. *¡Adora a Dios!* Si Jesucristo no fuera Dios manifestado en carne, estaríamos cometiendo idolatría al adorarlo. En Mateo 14:33 leemos: *Entonces los que estaban en la barca vinieron y lo adoraron, diciendo: Verdaderamente eres Hijo de Dios.* No los reprendió. En Mateo 8:2 leemos: *Y he aquí un leproso vino y se postró ante Él, diciendo: Señor, si quieres, puedes limpiarme.* Mira también Mateo 15:25: *Entonces ella vino y se postró ante Él, diciendo: ¡Señor, socórreme!*

Hay muchos otros pasajes, pero estos me parecen suficientes para probar la divinidad de nuestro Señor más allá de toda duda.

En Hechos 14 se nos dice que los paganos en Listra vinieron con guirnaldas y quisieron ofrecer sacrificios a Pablo y a Bernabé porque habían sanado a un cojo, pero los evangelistas rasgaron sus vestiduras y dijeron a los de Listra que solo eran hombres y que no debían ser adorados, como si fuera un gran pecado. Si Jesucristo es un simple hombre, todos somos culpables de un gran pecado al adorarlo.

Pero si Él es, como creemos, el unigénito y amado Hijo de Dios, rindámonos ante Sus derechos sobre nosotros. Confiemos reposando en su obra expiatoria completa y salgamos a servirle todos los días de nuestra vida.

## Capítulo 6
# Arrepentimiento y restitución

*Dios ahora manda a todos los hombres en todo lugar, que se arrepientan*
(Hechos 17:30)

El arrepentimiento es una de las doctrinas fundamentales de la Biblia, pero creo que es una de esas verdades que mucha gente hoy en día no entiende bien. Hay más personas en tinieblas y confusión sobre el arrepentimiento, la regeneración, la expiación y otras verdades básicas que sobre cualquier otra doctrina, aunque las hayamos oído desde pequeños. Si preguntara qué es el arrepentimiento, muchos darían una explicación extraña y equivocada.

Una persona no está preparada para creer ni para recibir el evangelio si no está dispuesta a arrepentirse de sus pecados y apartarse de ellos. Hasta que Juan el Bautista estuvo ante Cristo, solo tenía un texto:

*Arrepentíos, porque el reino de los cielos se ha acercado* (Mateo 3:2). Pero si se hubiera quedado en eso sin señalar al pueblo al Cordero de Dios, no habría logrado mucho.

Cuando Cristo vino, tomó ese mismo clamor del desierto: *Arrepentíos, porque el reino de los cielos se ha acercado* (Mateo 4:17). Cuando nuestro Señor envió a Sus discípulos, fue con el mismo mensaje: *que los hombres se arrepintiesen* (Marcos 6:12). Después de que Jesús fuera glorificado y el Espíritu Santo descendiera, Pedro proclamó lo mismo el día de Pentecostés: *Arrepentíos*. Fue esta predicación —arrepentíos y creed el evangelio— la que produjo resultados tan maravillosos (Hechos 2:38-47). Cuando Pablo fue a Atenas, proclamó el mismo llamado: Dios *ahora manda a todos los hombres en todo lugar, que se arrepientan* (Hechos 17:30).

Antes de hablar de lo que es el arrepentimiento, permíteme decir brevemente lo que no es.

**El arrepentimiento no es temor.** Mucha gente confunde ambas cosas. Piensan que tienen que estar alarmados y aterrados, y esperan que algún tipo de miedo descienda sobre ellos. Hay multitudes que se alarman, pero no se arrepienten realmente. A veces, durante una tormenta terrible, hombres de mar que han sido muy profanos, de repente se callan y claman a Dios por misericordia cuando sienten el peligro. Pero no dirías que se arrepintieron, porque cuando pasa la tormenta vuelven a blasfemar como antes. Podrías pensar que el rey de Egipto se arrepintió cuando Dios envió plagas terribles sobre él y su tierra, pero no fue arrepentimiento en absoluto. En cuanto la mano de

Dios se retiró, el corazón del faraón siguió más duro que nunca. No se apartó de un solo pecado; seguía siendo el mismo hombre. No hubo verdadero arrepentimiento allí.

A menudo, cuando la muerte entra en una familia parece que el evento llevará a la conversión de todos los del hogar, pero en seis meses todo puede haber quedado en el olvido. Algunos de los que leen esto quizás hayan pasado por esa experiencia. Cuando la mano de Dios pesaba sobre ellos parecía que se iban a arrepentir, pero al cesar la prueba la impresión se desvaneció.

**El arrepentimiento no es sentimiento.** Mucha gente espera que les llegue cierto tipo de sentimiento. Les gustaría volver a Dios, pero piensan que no pueden hacerlo hasta que ese sentimiento llegue. Cuando estuve en Baltimore predicaba todos los domingos en la penitenciaría a novecientos reclusos. Casi ninguno de ellos dejaba de sentirse miserable; tenían mucho sentimiento. Durante la primera semana o diez días de su condena, muchos lloraban la mitad del tiempo. Pero cuando salían en libertad la mayoría regresaba a su viejo mal camino. La verdad es que se sentían muy mal porque los habían atrapado; eso era todo. Has visto a alguien mostrar mucho sentimiento durante una dificultad, pero muy a menudo es solo porque está metido en un problema —no porque le importe haber pecado ni porque su conciencia le diga que ha hecho mal ante los ojos de Dios. Parece que la prueba resultará en verdadero arrepentimiento, pero ese sentimiento con frecuencia se desvanece.

**El arrepentimiento no es ayunar ni afligir el cuerpo.**

Una persona puede ayunar durante semanas, meses o años, y aun así no arrepentirse de un solo pecado.

**El arrepentimiento no es remordimiento.** Judas tuvo un terrible remordimiento —tanto como para ir y ahorcarse— pero eso no fue arrepentimiento. Creo que si hubiese ido a su Señor y se hubiera postrado confesando su pecado, podría haber sido perdonado. Pero en lugar de eso fue ante los sacerdotes y luego puso fin a su vida. Un hombre puede hacer todo tipo de penitencias, pero eso no significa que haya verdadero arrepentimiento. Recuerda esto: no puedes satisfacer las demandas de Dios ofreciendo el fruto de tu cuerpo por el pecado de tu alma. ¡Fuera con tal engaño!

**El arrepentimiento no es convicción de pecado.** Eso puede sonar extraño para algunos. He visto personas con una convicción de pecado tan profunda que no podían dormir por las noches. No podían disfrutar una sola comida. Pasaban meses en ese estado, y sin embargo no se convertían. No se arrepentían de verdad. No confundas la convicción de pecado con el arrepentimiento.

**El arrepentimiento no es orar.** Esto también puede sonar extraño. Muchas personas, cuando se preocupan por la salvación de su alma, dicen: «Voy a orar y leer la Biblia». Piensan que eso producirá el efecto deseado, pero no es así. Puedes leer la Biblia y clamar a Dios mucho, y aun así no arrepentirte. Muchas personas claman con fuerza a Dios pero no se arrepienten.

**El arrepentimiento no es dejar algún pecado.** Mucha gente comete ese error. Un hombre que ha sido borracho puede prometer dejar de beber. Dejar un pecado no es arrepentimiento. Abandonar un vicio es como romper una rama de un árbol cuando todo el árbol debe ser talado. Un hombre blasfemo deja de maldecir; eso está muy bien. Pero si no se aparta de todo pecado, no es arrepentimiento; no es la obra de Dios en el alma. Cuando Dios actúa, corta el árbol entero. Él quiere que te apartes de todo pecado.

Supongamos que estoy en un barco en alta mar, y descubro que hay fugas en tres o cuatro lugares. Puedo ir y tapar un agujero, pero el barco igual se hundirá. O supongamos que estoy herido en tres o cuatro partes, y consigo un remedio para una sola herida; si las otras se descuidan, pronto perderé la vida. El verdadero arrepentimiento no consiste simplemente en dejar este o aquel pecado en particular.

Entonces, ¿qué es el arrepentimiento? Te daré una buena definición: es un «¡giro completo, un cambio total de dirección!» En el idioma irlandés, la palabra *arrepentimiento* implica aún más que un giro completo. Implica que un hombre que iba caminando en una dirección no solo se da la vuelta, sino que ahora camina exactamente en dirección opuesta. *¡Vuélvanse, vuélvanse de sus malos caminos! ¿Por qué habrán de morir?* (Ezequiel 33:11). Un hombre puede tener poco o mucho sentimiento, pero si no se aparta del pecado Dios no tendrá misericordia de él.

El arrepentimiento también ha sido descrito como un cambio de mente. Por ejemplo, Cristo contó esta parábola: *Un hombre tenía dos hijos, y vino al primero y le dijo: Hijo, ve hoy a trabajar a mi viña. Y él respondió: No quiero.* Después de haber dicho *«no quiero»*, lo pensó mejor y cambió de parecer. *Pero después se arrepintió y fue* (Mateo 21:28-29). Quizás pensó: «No le hablé con respeto a mi padre. Me pidió que fuera a trabajar y le dije que no. Creo que estuve mal». Supón que solo hubiera pensado eso y no hubiera ido; eso no sería arrepentimiento. Pero fue. No solo estuvo convencido de que había actuado mal, sino que fue a la viña y trabajó. Esa es la definición de arrepentimiento que da Cristo. Si un hombre dice: «Por la gracia de Dios dejaré mi pecado y haré Su voluntad», eso es arrepentimiento —un cambio total de dirección.

Alguien ha dicho que el hombre nace con el rostro vuelto de espaldas a Dios. Cuando realmente se arrepiente, se da la vuelta hacia Dios; deja atrás su vida antigua.

¿Puede una persona arrepentirse de inmediato? Claro que sí. No se tarda en dar la vuelta. No le toma a un hombre seis meses cambiar de opinión. Un barco se hundió hace tiempo en la costa de Terranova. Mientras se dirigía hacia tierra, el capitán podría haber ordenado revertir el giro de los motores para volver. Si en ese momento se hubiera revertido el giro, el barco se habría salvado. Pero hubo un momento en que ya era demasiado tarde. Creo que en la vida de cada persona hay un momento en el que puede detenerse y decir: «Por la gracia de Dios, no seguiré avanzando hacia la muerte y la ruina. Me arrepiento de mis pecados y me aparto de ellos». Puedes decir que no tienes suficiente sentimiento, pero si estás convencido de que vas por el camino equivocado, da la vuelta y di: «Ya no seguiré por el camino de la rebelión y del pecado como hasta ahora».

En ese mismo instante, si estás dispuesto a volverte hacia Dios, la salvación puede ser tuya. Veo que todos los casos de conversión registrados en la Biblia fueron instantáneos. El arrepentimiento y la fe llegaron de repente. En el momento en que un hombre se decidía, Dios le daba el poder. Dios no le pide a nadie que haga lo que no puede hacer. No mandaría *que todos los hombres en todo lugar se arrepientan* si no pudieran hacerlo (Hechos 17:30). Si no te arrepientes y crees en el evangelio, no tienes a nadie a quien culpar más que a ti mismo.

Uno de los ministros de Ohio, de los más reconocidos por predicar el evangelio, me escribió una carta hace algún tiempo describiendo su conversión. Ilustra con fuerza este hecho de la decisión instantánea. Escribió:

> Yo tenía diecinueve años y estaba estudiando leyes con un abogado cristiano en Vermont. Una tarde, cuando él no estaba en casa, su buena esposa me dijo al entrar: «Quiero que vayas conmigo a la clase esta noche y que te hagas cristiano, para que puedas dirigir el culto familiar mientras mi esposo esté fuera».
>
> «Está bien, lo haré», dije, sin pensarlo mucho. Cuando volví a entrar a la casa, me preguntó si había sido sincero en lo que había dicho. Respondí: «Sí, en cuanto a ir contigo a la reunión; eso es solo por cortesía».

Fui con ella a la clase, como lo había hecho en otras ocasiones. Había unas doce personas reunidas en una escuelita. El líder había hablado con todos los presentes, excepto conmigo y con otros dos. Estaba hablando con la persona que estaba a mi lado, cuando se me ocurrió pensar: *Él me va a preguntar si tengo algo que decir.* Y me dije a mí mismo: *He decidido ser cristiano algún día; ¿por qué no comenzar ahora?*

Menos de un minuto después de que esos pensamientos pasaron por mi mente, él me dijo hablándome con familiaridad —porque me conocía muy bien—: «Hermano Charles, ¿tiene algo que decir?»

Respondí con total tranquilidad: «Sí, señor. Acabo de decidir en los últimos treinta segundos que voy a comenzar una vida cristiana, y me gustaría que orara por mí».

Mi serenidad lo desconcertó. Creo que casi dudó de mi sinceridad. Dijo muy poco, pero pasó a hablar con los otros dos. Después de unos comentarios generales, se volvió hacia mí y dijo: «Hermano Charles, ¿quiere usted cerrar la reunión con una oración?»

Él sabía que nunca había orado en público. Hasta ese momento no tenía ningún sentimiento. Esto era puramente una decisión consciente. Mi primer pensamiento fue que no sabía orar, y que le pediría que me disculpara. Pero el segundo pensamiento fue: ya dije que empezaría una vida cristiana, y esto es parte de ello. Así que dije: «Oremos». Y en algún punto entre que empecé a arrodillarme y el momento en que mis rodillas tocaron el suelo, el Señor convirtió mi alma.

Las primeras palabras que dije fueron: «¡Gloria a Dios!» Lo que dije después no lo recuerdo, y no importa, porque mi alma estaba tan llena que solo podía decir: «¡Gloria!» Desde esa hora, el diablo nunca se atrevió a desafiar mi conversión. A Cristo sea toda la gloria.

Muchas personas están esperando que algún tipo de sentimiento milagroso se apodere de ellas —alguna clase de fe misteriosa. Hace algunos años hablé con un hombre que siempre me daba la misma respuesta. Durante cinco años intenté ganarlo para Cristo, y cada año me decía: «Todavía no me ha tocado».

–Hombre, ¿qué quiere decir? ¿Qué es lo que no lo ha tocado?

– Bueno –, dijo –no me voy a hacer cristiano hasta que me toque, y aún no me ha tocado. No lo veo como usted lo ve.

– Pero ¿no sabe usted que es un pecador?

– Sí, sé que soy un pecador.

– Bueno, ¿no sabe que Dios quiere tener misericordia de usted, que hay perdón en Dios? Él quiere que se arrepienta y venga a Él.

– Sí, lo sé; pero aún no me ha tocado.

Siempre recurría a eso. ¡Pobre hombre! Se fue a la tumba en un estado de indecisión. Dios le dio sesenta largos años para arrepentirse, y lo único que tuvo que decir al final de esos años fue que aún no lo había tocado.

¿Alguno de mis lectores está esperando algún sentimiento extraño? En ninguna parte de la Biblia se le dice a la persona que espere. Dios te manda ahora que te arrepientas.

¿Crees que Dios puede perdonar a alguien que no quiere ser perdonado? ¿Sería feliz si Dios lo perdonara en ese estado mental? Si tu hijo ha hecho algo malo y no quiere arrepentirse, no puedes perdonarlo. Estarías cometiendo una injusticia. Supón que entra a tu escritorio, roba diez dólares y los derrocha. Al llegar a casa, tu esposa te cuenta lo que hizo. Le preguntas si es cierto, y lo niega, pero finalmente tienes pruebas claras. Incluso cuando ve que ya no puede negarlo, no quiere confesar el pecado y dice que lo hará de nuevo en cuanto tenga oportunidad.

¿Le dirías: «Bueno, te perdono», ¿y dejarías el asunto así como está? No, hay consecuencias reales para todo lo que hacemos, tanto aquí en la tierra como en el juicio. Sin embargo, la gente dice que Dios va a salvar a todos, se arrepientan o no —borrachos, ladrones, prostitutas, fornicarios, no importa.

«Dios es tan misericordioso», dicen. Querido amigo,

no te dejes engañar por el dios de este mundo. Allí donde hay verdadero arrepentimiento y un apartarse del pecado para volverse hacia Dios, Él nos encontrará y bendecirá, pero nunca bendice hasta que haya un arrepentimiento sincero.

David cometió un error lamentable con respecto a su hijo rebelde Absalón. No pudo haberle hecho mayor injusticia que perdonarlo cuando su corazón no había cambiado. No podía haber verdadera reconciliación entre ellos sin arrepentimiento. Pero Dios no comete estos errores. David se metió en problemas por su error de criterio. Su hijo pronto lo echó del trono.

Hablando del arrepentimiento, el Dr. Brooks de St. Louis comenta:

> El arrepentimiento, estrictamente hablando, significa un cambio de mente o propósito; por lo tanto, es el juicio que el pecador pronuncia sobre sí mismo a la luz del amor de Dios manifestado en la muerte de Cristo, junto con el abandono de toda confianza en sí mismo y con la fe en el único Salvador de los pecadores. El arrepentimiento verdadero y la fe salvadora siempre van juntos, y no necesitas preocuparte por el arrepentimiento si crees.

Algunas personas no están seguras de si se han arrepentido lo suficiente. Si con esto quieren decir que deben arrepentirse para inclinar a Dios a ser misericordioso, cuanto antes abandonen esa idea, mejor. Dios ya es misericordioso, como lo ha demostrado plenamente en la cruz del Calvario. Es un grave deshonor para Su corazón de amor pensar que tus lágrimas y angustia lo moverán, sin saber que *la bondad de Dios te guía al arrepentimiento* (Romanos 2:4). No es tu maldad, sino Su bondad la que te guía al arrepentimiento; por lo tanto, la verdadera manera de arrepentirse es creer en el Señor Jesucristo, *quien fue entregado por nuestras transgresiones y resucitado para nuestra justificación* (Romanos 4:25).

Si hay verdadero arrepentimiento, producirá fruto. Si hemos hecho mal a alguien, no deberíamos pedirle a Dios que nos perdone hasta que estemos dispuestos a hacer restitución a la persona que hemos ofendido. Si he cometido una gran injusticia y puedo remediarla, no debo esperar perdón de Dios hasta que esté dispuesto a corregirla. Supón que he tomado algo que no me pertenece. No tengo derecho a esperar perdón hasta que lo devuelva.

Recuerdo que una vez estaba predicando en una de nuestras grandes ciudades cuando un hombre bien vestido se me acercó después del sermón. Estaba muy angustiado.

– La verdad–, dijo –es que soy un malversador. He tomado dinero que pertenece a mis empleadores. ¿Cómo puedo hacerme cristiano sin devolverlo?

Le pregunté:

– ¿Tiene usted el dinero?

Me dijo que no tenía todo el dinero. Había tomado alrededor de $1,500 y aún conservaba unos $900. Dijo:

– ¿No podría usar ese dinero para empezar un negocio y así devolverles lo que tomé?

Le dije que eso era un engaño de Satanás, y que no podía esperar prosperar con dinero robado. Le dije que debía devolver todo el dinero que le quedaba y pedir a sus empleadores que tuvieran misericordia y lo perdonaran.

– Pero me van a meter a la cárcel–, dijo. –¿No puede ayudarme de alguna manera?

– No, debe devolver el dinero antes de esperar alguna ayuda de parte de Dios.

– Es bastante duro–, dijo.

– Sí, es duro, pero el gran error fue haber hecho lo malo en primer lugar.

Su carga se volvió tan pesada que ya no la pudo soportar. Me entregó el dinero —alrededor de $950— y me pidió que se lo devolviera a sus empleadores. A la noche siguiente, los dos empleadores se reunieron conmigo en un cuarto lateral de la iglesia. Puse el dinero sobre la mesa y les informé que provenía de uno de sus empleados. Les conté la historia y les dije que él no pedía justicia, sino misericordia. Las lágrimas corrieron por las mejillas de esos dos hombres y dijeron: «¡Perdonarlo! Sí, estaremos encantados de perdonarlo». Bajé las escaleras y lo llevé con ellos. Después de que confesó su culpa y fue perdonado, todos nos arrodillamos y tuvimos una hermosa reunión de oración. Dios estuvo allí con nosotros y nos bendijo.

Hace algún tiempo, un amigo mío vino a Cristo y quiso consagrarse a Él junto con su riqueza. Anteriormente había engañado al gobierno en ciertos negocios. Este asunto surgió cuando se convirtió, y su conciencia lo inquietaba. Dijo: «Quiero consagrar mi riqueza, pero parece que Dios no la quiere». Tuvo una lucha terrible; su conciencia lo reprendía una y otra vez. Finalmente, hizo un cheque por $1,500 y lo envió al Tesoro de los Estados Unidos. Me contó que recibió una gran bendición después de hacerlo. Su conversión estaba dando *fruto digno de arrepentimiento* (Mateo 3:8). Creo que muchos hombres claman a Dios por luz, pero no la reciben porque no son honestos.

Una vez, mientras predicaba, un hombre se me acercó después del servicio. Dijo:

– Quiero que note que mi cabello está canoso, y solo tengo treinta y dos años. Durante doce años he cargado una gran culpa.

– Bueno–, le dije– ¿qué sucede?

Miró a su alrededor como temiendo que alguien lo escuchara.

– Bueno–, respondió– mi padre murió y le dejó a mi madre el periódico del condado; eso era todo lo que tenía. Después de su muerte, el periódico empezó a ir mal y vi que mi madre caía rápidamente en la necesidad. El edificio y el periódico estaban asegurados por mil dólares, y cuando tenía veinte años incendié el edificio, cobré los mil dólares y se los di a mi madre. Durante doce años ese pecado me ha perseguido. He intentado ahogarlo en placeres y pecado. He maldecido a Dios. He sido infiel. He intentado convencerme de que la Biblia no es verdadera. He hecho todo lo posible, pero todos estos años he estado atormentado.

Le dije:

– Hay una salida para eso.

Me preguntó:

– ¿Cuál?

Le dije:

– Haz restitución. Sentémonos y calculemos los intereses, y luego devuelves el dinero a la compañía.

Deberías haber visto cómo se iluminó el rostro de ese hombre cuando supo que había misericordia para él. Dijo que estaría encantado de devolver el dinero con intereses, con tal de ser perdonado.

Hoy en día hay personas que viven en tinieblas y esclavitud porque no están dispuestas a apartarse de sus pecados y confesarlos. No entiendo cómo alguien puede esperar el perdón si no está dispuesto a confesar sus pecados.

Recuerda que *hoy* es el único día de misericordia que tendrás. Puedes arrepentirte ahora mismo y borrar tu espantoso historial de pecado. Dios está esperando para perdonarte. Él quiere atraerte hacia Sí pero creo que la Biblia enseña claramente que *no hay arrepentimiento después de esta vida*. Algunos te dirán que hay posibilidad de arrepentimiento en la tumba, pero no lo encuentro en las Escrituras. He examinado muy cuidadosamente mi Biblia, y no puedo encontrar que una persona tenga otra oportunidad de ser salva después de la muerte.

¿Por qué pedir más tiempo? Ya tienes tiempo suficiente para arrepentirte ahora. Puedes apartarte de tus pecados en este mismo momento, si así lo deseas. Dios dice: «*Porque no me complazco en la muerte del que muere*», dice Jehová el Señor. «*Convertíos, pues, y viviréis*» (Ezequiel 18:32).

Cristo dijo: *no he venido a llamar a justos, sino a*

*pecadores al arrepentimiento* (Lucas 5:32). ¿Eres un pecador? Entonces el llamado al arrepentimiento es para ti. Ocupa tu lugar en el polvo a los pies del Salvador y reconoce tu culpa. Di, como el publicano de antaño: «*Dios, sé propicio a mí, pecador*», y verás cuán pronto Él te perdonará y bendecirá (Lucas 18:13). Incluso te justificará y te considerará justo por la justicia de Aquel que llevó tus pecados en Su cuerpo en la cruz.

Quizá algunos piensen que son justos y no necesitan arrepentirse ni creer en el evangelio. Son como el fariseo en la parábola, que daba gracias a Dios por no ser como los demás hombres —*ladrones, injustos, adúlteros, ni aun como este publicano*— y que dijo además: «*Ayuno dos veces a la semana; doy diezmos de todo lo que gano*». ¿Cuál es el juicio sobre estas personas autosuficientes? «*Os digo que este*» [el pobre, contrito y arrepentido publicano] «*descendió a su casa justificado antes que el otro*» (Lucas 18:11-14). *No hay justo, ni aun uno* (Romanos 3:10). *Por cuanto todos pecaron y están destituidos de la gloria de Dios* (Romanos 3:23).

Que nadie diga que no necesita arrepentirse. Que cada uno ocupe su lugar verdadero —el de pecador—, entonces Dios lo levantará al lugar de perdón y justificación. *Porque cualquiera que se enaltece será humillado, y el que se humilla será enaltecido* (Lucas 14:11). Dondequiera que Dios ve arrepentimiento verdadero en el corazón, Él se encuentra con esa alma.

Estuve en Colorado predicando el evangelio hace algún tiempo, y escuché algo que conmovió mi corazón. El gobernador del estado estaba recorriendo la prisión, y en una celda encontró a un joven que tenía la ventana llena de flores que parecían haber sido cuidadas con mucho esmero. El gobernador miró al preso y luego a las flores, y preguntó de quién eran.

– Estas son mis flores –, dijo el convicto.

– ¿Te gustan las flores?

– Sí, señor.

– ¿Cuánto tiempo llevas aquí?

Le dijo cuántos años; estaba cumpliendo una larga condena. El gobernador se sorprendió de que le gustaran tanto las flores, y le dijo:

– ¿Puedes decirme por qué te gustan tanto estas flores?

Con mucha emoción respondió:

– Mientras mi madre vivía, le encantaban las flores; cuando llegué aquí, pensé que estas me la recordarían.

El gobernador se sintió tan complacido que dijo:

– Bueno, joven, si piensas tanto en tu madre, creo que sabrás valorar tu libertad.

Y lo indultó allí mismo.

Cuando Dios encuentra esa hermosa flor del verdadero arrepentimiento brotando en el corazón de un hombre, la salvación llega a ese hombre.

## Capítulo 7

# Seguros de ser salvos

*Estas cosas os he escrito a vosotros que creéis en el nombre del Hijo de Dios, para que sepáis que tenéis vida eterna.* (1 Juan 5:13)

Hay dos grupos de personas que no deberían estar seguros de ser salvos: primero, los que están en la iglesia pero no se han convertido, nunca han nacido del Espíritu; segundo, los que no están dispuestos a hacer la voluntad de Dios ni seguir el camino que Dios ha trazado para ellos, sino que quieren hacer su propia voluntad.

Alguien preguntará: «¿Todos los hijos de Dios están seguros de ser salvos?»

No; creo que muchos de los amados hijos de Dios no tienen seguridad, pero es privilegio de todo hijo de Dios saber, sin lugar a dudas, que es salvo. Nadie está capacitado para servir a Dios si está lleno de dudas.

Si una persona no está segura de su propia salvación, ¿cómo podrá ayudar a alguien más a entrar en el reino de Dios? Si parezco estar en peligro de ahogarme y no sé si llegaré a la orilla, no puedo ayudar a otro. Primero debo ponerme de pie sobre la roca firme, y entonces podré extender la mano a mi hermano. Si yo fuera ciego y le dijera a otro ciego cómo recibir la vista, él podría decirme: «Primero sé sano tú, y luego me cuentas».

Recientemente me reuní con un joven que era cristiano pero no había hallado victoria sobre el pecado. Estaba en una oscuridad terrible. Una persona así no está en condiciones de trabajar para Dios, porque es vencida por sus pecados. No tiene victoria sobre sus dudas porque no tiene victoria sobre sus pecados.

Nadie que no esté seguro de su propia salvación tendrá tiempo ni corazón para trabajar para Dios. Estas personas están ocupadas con sus propios problemas de pecado y duda, y como están cargadas con sus dudas, no pueden ayudar a otros a llevar sus cargas. No hay descanso, gozo ni paz —ni libertad ni poder— donde existen dudas e incertidumbre.

Satanás tiene tres estrategias contra las cuales debemos estar prevenidos. Primero, usa todas las fuerzas de su reino para mantenernos alejados de Cristo; luego se dedica a atraernos al «Castillo de la Duda»; y si damos un testimonio claro y firme del Hijo de Dios, hará todo lo posible para manchar nuestro carácter y desacreditar nuestro testimonio.[2] Algunos parecen pensar que es presunción no tener dudas, pero dudar deshonra profundamente a Dios. Si alguien dijera que conoce a una

---

2   Es una referencia al libro de John Bunyan, *El progreso del peregrino*.

persona desde hace treinta años y aún duda de ella, no sería muy creíble; y sin embargo, cuando conocemos a Dios desde hace diez, veinte o treinta años, ¿no refleja eso una falta de confianza en Su carácter veraz?

¿Podrían Pablo y los primeros cristianos y mártires haber pasado por lo que pasaron si hubieran estado llenos de dudas y sin saber si iban al Cielo o al infierno después de ser quemados en la hoguera? Sin duda, estaban seguros de ser salvos.

Charles Spurgeon dijo:

> Nunca oí de una cigüeña que, al encontrar un abeto, se preguntara si tenía derecho a hacer su nido allí; y nunca oí de un tejón que se cuestionara si le estaba permitido correr hacia su guarida en la roca. Estas criaturas pronto perecerían si dudaran y temieran todo el tiempo si tienen derecho a usar lo que Dios ha provisto para ellas.
>
> La cigüeña se dice a sí misma: «Ah, aquí hay un abeto».
>
> Consulta con su pareja: «¿Nos servirá para hacer el nido y criar a nuestros pequeños?»
>
> «Sí», responde ella, y traen materiales y hacen su nido. Nunca se hacen la pregunta: «¿Se nos permite construir aquí?» Simplemente traen sus ramas y hacen el nido.

La cabra montés en el risco no se pregunta: «¿Tengo derecho a estar aquí?» No, debe estar en algún lugar, y el risco le conviene así que corre hacia él.

Aunque estas pobres criaturas conocen la provisión de su Dios, el pecador no reconoce la provisión del Salvador. Vacila y se pregunta: «¿Puedo?» y dice: «Temo que no sea para mí», y «No puede ser que sea para mí», y «Temo que sea demasiado bueno para ser verdad».

Sin embargo, nadie le dijo jamás a la cigüeña: «Cualquiera que construya en este abeto nunca verá su nido destruido». No hubo palabra inspirada para el tejón: «Quienquiera que corra a esta hendidura en la roca, jamás será echado de ella». Si así fuera, su certeza sería doblemente segura.

Y sin embargo, aquí está Cristo, provisión para los pecadores, exactamente el tipo de Salvador que los pecadores necesitan, y con palabras de aliento además: *Al que a mí viene, no lo echo fuera* (Juan 6:37), y *El que quiera, tome del agua de la vida gratuitamente* (Apocalipsis 22:17).

Ahora vayamos a la Palabra. Juan nos dice en su evangelio lo que Cristo hizo por nosotros en la tierra. En su carta nos dice lo que Jesús está haciendo por nosotros en el Cielo como abogado nuestro. En el evangelio de Juan solo hay dos capítulos donde no aparece la palabra *creer*. Con estas dos excepciones, cada capítulo de Juan dice: «¡Cree! ¡Cree! ¡Cree!» Nos dice en Juan 20:31: *Pero estas se han escrito para que creáis que Jesús es el Cristo, el Hijo de Dios, y para que creyendo tengáis vida en su nombre.* Ese es el propósito por el cual escribió el evangelio —*para que creáis que Jesús es el Cristo, el Hijo de Dios, y para que creyendo tengáis vida en su nombre.*

En 1 Juan 5:13, Juan nos dice por qué escribió esta carta: *Estas cosas os he escrito a vosotros que creéis en el nombre del Hijo de Dios.* Fíjate a quién se dirige: *a vosotros que creéis en el nombre del Hijo de Dios, para que sepáis que tenéis vida eterna y para que creyendo tengáis vida en su nombre.* Hay solo cinco capítulos en 1 Juan, y la palabra *sabemos* aparece más de cuarenta veces. Es: «¡Sabemos! ¡Sabemos! ¡SABEMOS!» La clave es «saber». A lo largo de toda esta carta suena el estribillo: «para que sepamos que tenemos vida eterna».

Recorrí mil novecientos treinta kilómetros río abajo por el Misisipi hace algunos años en la primavera, y cada tarde, justo al ponerse el sol, podía ver a hombres, y a veces mujeres, llegando a ambas orillas del río a caballo, en mulas o a pie, con el propósito de encender las luces del gobierno. A lo largo de ese inmenso río, los puntos de referencia guiaban a los pilotos de los barcos en su peligrosa navegación. Dios nos ha dado luces o señales para decirnos si somos Sus hijos o no; lo que debemos hacer es examinar las señales que Él nos ha dado.

En 1 Juan 3 hay cinco cosas que debemos «saber».

En el versículo cinco leemos la primera: *Y sabéis que él apareció para quitar nuestros pecados, y no hay pecado en él.* No lo que yo haya hecho, sino lo que Él ha hecho. ¿Ha fallado en Su misión? ¿Acaso no es capaz de hacer lo que vino a hacer? ¿Algún enviado del Cielo falló alguna vez? ¿Podría fallar el propio Hijo de Dios? Él vino para quitar nuestros pecados.

En 1 Juan 3:19 está el segundo punto a saber: *En esto sabremos que somos de la verdad, y aseguraremos nuestros corazones delante de él.* Sabemos que somos de la verdad. Y si la verdad nos hace libres, seremos verdaderamente libres. *Así que, si el Hijo os liberta, seréis verdaderamente libres* (Juan 8:36).

La tercera cosa que debemos saber está en el versículo catorce: *Nosotros sabemos que hemos pasado de muerte a vida, porque amamos a los hermanos.* El inconverso no ama a las personas que aman a Dios, ni desea su compañía. *El que no ama, permanece en muerte.* No tiene vida espiritual.

La cuarta cosa que vale la pena saber está en el versículo veinticuatro: *El que guarda sus mandamientos permanece en Dios, y Dios en él. Y en esto sabemos que él permanece en nosotros, por el Espíritu que nos ha dado.* Podemos saber qué tipo de Espíritu tenemos si poseemos el Espíritu de Cristo. Tendremos un espíritu semejante al de Cristo —no igual en grado, pero sí en naturaleza. Si soy manso, apacible y perdonador; si tengo un espíritu lleno de paz y gozo; si soy paciente y gentil, como el Hijo de Dios— esa es una prueba, y de esa manera podemos saber si tenemos vida eterna.

La quinta cosa que vale la pena saber, y la mejor de

todas, está en 1 Juan 3:2: *Amados, ahora.* Nota la palabra *ahora.* No dice «cuando mueras». *Amados, ahora somos hijos de Dios, y aún no se ha manifestado lo que hemos de ser. Pero sabemos que cuando él se manifieste, seremos semejantes a él, porque le veremos tal como él es.*

Pero algunos dirán: «Bueno, creo todo eso, pero he pecado desde que me hice cristiano». ¿Acaso hay un solo hombre o mujer sobre la faz de la tierra que no haya pecado después de hacerse cristiano? ¡Ni uno! Nunca ha existido ni existirá un alma en esta tierra que no haya pecado, o que no peque en algún momento de su vida cristiana. Pero Dios ha provisto para los pecados de los creyentes. *Nosotros* no debemos hacer provisión para ellos; Dios sí lo ha hecho. Tenlo presente.

Ve a 1 Juan 2:1: *Hijitos míos, estas cosas os escribo para que no pequéis. Pero si alguno ha pecado, abogado tenemos para con el Padre, a Jesucristo, el justo.* Juan está escribiendo a los justos. *Si alguno peca, nosotros* —Juan se incluye— *abogado tenemos para con el Padre, a Jesucristo el justo.* ¡Qué abogado! Atiende nuestros asuntos en el mejor lugar: el trono de Dios. Él dijo: *Pero yo os digo la verdad: Os conviene que yo me vaya* (Juan 16:7). Se fue para convertirse en nuestro sumo sacerdote y también nuestro abogado. Ha tenido casos difíciles que defender, pero jamás ha perdido uno. Si Le confías a Él los intereses de tu alma inmortal, Él *es poderoso para guardaros sin caída y presentaros sin mancha delante de su gloria con gran alegría* (Judas 24).

Los pecados pasados de los cristianos son todos perdonados en cuanto se confiesan, y no deben ser mencionados más. Es un asunto que no debe volver a abrirse. Si nuestros pecados han sido quitados, ese es el fin. No han de ser recordados; Dios no los mencionará más. Esto es muy claro. Supongamos que tengo un hijo que hizo algo mal mientras yo estaba fuera de casa. Cuando regreso, me abraza y dice:

– Papá, hice lo que me dijiste que no hiciera. Lo siento mucho. Por favor, perdóname.

Yo le digo:

– Sí, hijo mío – y lo beso. Él se seca las lágrimas y se va contento.

Al día siguiente dice:

– Papá, quisiera que me perdonaras por lo que hice ayer.

Yo diría:

– Hijo, ese asunto ya está resuelto, y no quiero que se mencione más.

– Pero quisiera que me perdonaras; me ayudaría escucharte decir: «Te perdono».

¿Sería eso honrarme? ¿No me dolería que mi hijo dudara de mí? Pero para complacerlo, vuelvo a decir: «Te perdono, hijo mío».

Y si, al día siguiente, volviera a mencionar ese viejo pecado y pidiera perdón otra vez, ¿no me partiría el corazón? Así también, querido lector, si Dios nos ha perdonado, no volvamos a mencionar el pasado. Olvidemos lo que queda atrás y extendámonos hacia lo que está delante, *y prosigo a la meta, al premio del supremo llamamiento de Dios en Cristo Jesús* (Filipenses 3:13-14). Dejemos atrás los pecados del pasado. *Si confesamos nuestros pecados, él es fiel y justo para perdonar nuestros pecados y limpiarnos de toda maldad* (1 Juan 1:9).

Permíteme decir que este principio también es reconocido en los tribunales de justicia. Un caso se presentó en los tribunales de cierto país —no diré cuál— donde un hombre había tenido problemas con su esposa. La perdonó, pero más adelante la llevó ante el tribunal. Cuando se supo que él ya la había perdonado, el juez dijo que el asunto estaba resuelto. El juez reconoció la solidez del principio de que si un pecado ha sido perdonado, entonces ya está saldado. ¿Y crees tú que el Juez de toda la tierra nos perdonará a ti y a mí, y luego volverá a sacar a relucir ese pecado? Nuestros pecados se van para siempre si Dios los perdona. Debemos confesar y abandonar nuestros pecados.

Ahora lee 2 Corintios 13:5: *Examinaos a vosotros mismos, para ver si estáis en la fe; probaos a vosotros mismos. ¿O no os conocéis a vosotros mismos? ¿No sabéis que Jesucristo está en vosotros? ¡A menos que estéis reprobados!* Examínate. Pon a prueba tu fe. ¿Puedes perdonar a un enemigo? Esa es una buena manera de saber si eres hijo de Dios. ¿Puedes perdonar una ofensa o recibir un insulto, como lo hizo Cristo? ¿Puedes ser criticado por hacer el bien y no quejarte? ¿Puedes ser malinterpretado y mal juzgado y aún así mantener un espíritu como el que nos enseñó Cristo?

Gálatas 5 ofrece otra buena prueba. Observa el fruto del Espíritu y comprueba si posees esas cualidades. *Pero el fruto del Espíritu es amor, gozo, paz, paciencia, benignidad, bondad, fe, mansedumbre, templanza; contra tales cosas no hay ley* (Gálatas 5:22-23). Si tengo el fruto del Espíritu, debo tener al Espíritu. No podría tener el fruto sin el Espíritu, como tampoco puede haber naranja sin árbol. Jesús dijo: *Por sus frutos los conoceréis* (Mateo 7:16). *Por el fruto se conoce el árbol* (Mateo 12:33). Haz bueno el árbol y el fruto será bueno. La única forma de tener el fruto es tener el Espíritu. Esa es la manera de examinarnos para ver si somos hijos de Dios.

Otro pasaje muy claro está en Romanos 8:9, donde Pablo dice: *Si alguno no tiene el Espíritu de Cristo, no es de Él*. Eso debería zanjar el asunto, aunque uno haya cumplido con todos los requisitos externos que algunos consideran necesarios para ser miembro de una iglesia. Lee la vida de Pablo y compárala con la tuya. Si tu vida se parece a la suya, es prueba de que has nacido de nuevo —de que eres una nueva criatura en Cristo Jesús.

Aunque hayas nacido de nuevo, requerirá tiempo llegar a ser un cristiano maduro. La justificación es instantánea, pero la santificación es obra de toda una vida. Debemos crecer en sabiduría. Pedro dice: *Creced en la gracia y el conocimiento de nuestro Señor y Salvador Jesucristo* (2 Pedro 3:18). También escribe:

> *Por esto mismo, poned toda diligencia en añadir a vuestra fe virtud; a la virtud, conocimiento; al conocimiento, dominio propio; al dominio propio, paciencia; a la paciencia, piedad; a la piedad, afecto fraternal; y al afecto fraternal, amor. Si tenéis estas cosas y abundan en vosotros, no os dejarán estar ociosos ni sin fruto en cuanto al conocimiento de nuestro Señor Jesucristo.* (2 Pedro 1:5-8).

Debemos añadir gracia sobre gracia. Un árbol puede ser perfecto en su primer año de crecimiento, pero no alcanza su plena madurez en ese primer año. Así también es el cristiano. Puede ser un verdadero hijo de Dios, pero aún no ser un cristiano maduro.

El capítulo ocho de Romanos es muy importante, y deberíamos estar muy familiarizados con él. En el versículo catorce el apóstol dice: *Todos los que son guiados por el Espíritu de Dios, son hijos de Dios.* Así como el soldado es guiado por su capitán, el alumno por su maestro, o el viajero por su guía, todo verdadero hijo de Dios será guiado por el Espíritu Santo.

Déjame dirigir tu atención a otro hecho. Toda la enseñanza de Pablo en casi todas sus cartas proclama la doctrina de la seguridad. Dice en 2 Corintios 5:1: *Sabemos que si nuestra morada terrestre, este tabernáculo, se deshace, tenemos de Dios un edificio, una casa no hecha por manos, eterna, en los cielos.* Tenía derecho a las mansiones celestiales, y dice: «Lo sé». No vivía en incertidumbre. Dijo que tenía *deseo de partir y estar con Cristo*, y si hubiera estado inseguro, no habría dicho eso (Filipenses 1:23). Luego, en Colosenses 3:4 dice: *Cuando Cristo, vuestra vida, se manifieste, entonces vosotros también seréis manifestados con él en gloria.* Me han dicho que esta misma cita está en la lápida del Dr. Isaac Watts. No hay duda alguna en ese versículo.

Ahora ve a Colosenses 1:12-13: *Daréis gracias al Padre que nos hizo aptos para participar de la herencia de los santos en luz. Él nos ha librado del poder de las tinieblas y nos ha trasladado al reino de su amado Hijo.* Hay tres verbos en pasado en estos versículos: *nos hizo aptos, nos ha librado* y *nos ha trasladado*. No dice que nos hará aptos, ni que nos va a librar, ni que nos trasladará o cambiará, sino que ya lo ha hecho.

Luego, en Colosenses 1:14: *En quien tenemos redención por su sangre, el perdón de pecados.* Somos perdonados o no lo somos. No debemos darnos descanso hasta entrar en el reino de Dios, ni hasta que podamos mirar al cielo y decir: *Sabemos que si nuestra morada terrestre, este tabernáculo, se deshace, tenemos de Dios un edificio, una casa no hecha por manos, eterna, en los cielos* (2 Corintios 5:1).

Mira Romanos 8:32: *El que no escatimó ni a su propio Hijo, sino que lo entregó por todos nosotros, ¿cómo no nos dará también con él todas las cosas?* Si nos dio a Su Hijo, ¿no nos dará también la certeza de que somos suyos? He oído la siguiente ilustración: un hombre debía $10,000 y estaba en bancarrota, pero un amigo intervino y pagó la suma. Más tarde se descubrió que debía algunos dólares más, pero no dudó ni por un momento que, así como su amigo había pagado la suma mayor, también pagaría la menor. Y tenemos muchas razones para decir que si Dios nos ha dado a Su Hijo, también nos dará con Él todas las cosas; si queremos tener certeza de nuestra salvación, no nos dejará en tinieblas.

Lee Romanos 8:33-39:

> *¿Quién acusará a los escogidos de Dios? Dios es el que justifica. ¿Quién es el que condenará? Cristo es el que murió; más aun, el que también resucitó, el que además*

*está a la diestra de Dios, el que también intercede por nosotros. ¿Quién nos separará del amor de Cristo? ¿Tribulación, angustia, persecución, hambre, desnudez, peligro o espada? Como está escrito: «Por causa de ti somos muertos todo el tiempo; somos contados como ovejas de matadero». Antes, en todas estas cosas somos más que vencedores por medio de aquel que nos amó. Por lo cual estoy seguro de que ni la muerte ni la vida, ni ángeles ni principados ni potestades, ni lo presente ni lo por venir, ni lo alto ni lo profundo, ni ninguna otra cosa creada nos podrá separar del amor de Dios, que es en Cristo Jesús, Señor nuestro.*

Eso tiene la firmeza que necesitamos. Esa es la seguridad. *Estoy convencido.* ¿Crees que el Dios que me ha justificado me va a condenar? Eso sería un absurdo. Dios va a salvarnos de tal manera que ni hombres, ni ángeles, ni demonios podrán acusarnos a nosotros ni a Él. Su obra será completa.

Job vivió en tiempos más oscuros que los nuestros, pero aun así dijo: *Yo sé que mi Redentor vive, y que al fin se levantará sobre el polvo* (Job 19:25).

La misma confianza se respira en las últimas palabras de Pablo a Timoteo: *Por lo cual asimismo padezco esto. Pero no me avergüenzo, porque yo sé a quién he creído y estoy seguro de que es poderoso para guardar mi depósito para aquel día* (2 Timoteo 1:12). No se trata de duda, sino de conocimiento. *Sé. Estoy convencido.* La palabra *esperanza* no se usa en la Escritura para expresar duda. Se utiliza en relación con la segunda venida de Cristo o con la resurrección del cuerpo. No decimos que «esperamos» ser cristianos. Yo no digo que *espero* ser ciudadano español, o que *espero* estar casado. Son cosas ya decididas. Tal vez diga que espero regresar a casa, o que espero asistir a cierta reunión. Pero no digo que espero llegar a este país, ¡ya estoy aquí! Así también, si hemos nacido de Dios, lo sabemos. Él no nos dejará en oscuridad si escudriñamos las Escrituras.

Cristo enseñó esta doctrina a los setenta discípulos cuando regresaron entusiasmados por su éxito, diciendo: *¡Señor, hasta los demonios se nos sujetan en tu nombre!* (Lucas 10:17). El Señor pareció frenar su entusiasmo y les dijo que les daría algo mejor por lo cual alegrarse: *Pero no os regocijéis de que los espíritus se os sujetan, sino regocijaos de que vuestros nombres están escritos en los cielos* (Lucas 10:20).

Es privilegio de cada uno de nosotros saber, sin lugar a dudas, que nuestra salvación es segura; entonces podremos trabajar por los demás. Pero si dudamos de nuestra propia salvación, no estamos preparados para servir a Dios.

Otro pasaje que nos da seguridad es Juan 5:24: *De cierto, de cierto os digo: El que oye mi palabra y cree al que me envió tiene vida eterna, y no vendrá a condenación, sino que ha pasado de muerte a vida.*

Algunos dicen que no se puede saber si uno es salvo hasta llegar ante el gran trono blanco del juicio. Pero, querido amigo, si tu vida está escondida con Cristo en Dios, no serás juzgado por tus pecados. Podemos ser juzgados para recompensa. Esto se enseña claramente cuando el señor trata con el siervo que recibió cinco talentos y trajo cinco más diciendo: *Señor, cinco talentos me entregaste; aquí tienes, he ganado otros cinco talentos sobre ellos. Su señor le dijo: «Bien, buen siervo y fiel; sobre poco has sido fiel, sobre mucho te pondré. Entra en el gozo de tu señor»* (Mateo 25:20-21). Seremos juzgados por nuestra administración y mayordomía. Eso es una cosa, pero la salvación —la vida eterna— es otra.

¿Acaso Dios exigirá el pago doble de la deuda que Cristo ya pagó por nosotros? Si Cristo llevó nuestros pecados en Su propio cuerpo en el madero, ¿he de responder yo también por ellos?

Isaías 53:5 nos dice que *Él fue herido por nuestras rebeliones, molido por nuestros pecados. Por darnos la paz, cayó sobre él el castigo, y por sus llagas fuimos nosotros curados*. En Romanos 4:25 leemos: *El cual fue entregado por nuestras transgresiones, y resucitado para nuestra justificación*. Creámoslo y recibamos el beneficio de su obra consumada.

Luego, en Juan 10:9: *Yo soy la puerta: el que por mí entre será salvo; entrará y saldrá, y hallará pastos*. Esa es la promesa. Juan 10:27-29 dice:

> *Mis ovejas oyen mi voz y yo las conozco, y me siguen; yo les doy vida eterna y no perecerán jamás, ni nadie las arrebatará de mi mano. Mi Padre, que me las dio, mayor que todos es, y nadie las puede arrebatar de la mano de mi Padre.*

¡Piensa en eso! El Padre, el Hijo y el Espíritu Santo están comprometidos a guardarnos. Vemos que no es solo el Padre, ni solo el Hijo, sino las tres personas del Dios Trino.

Muchas personas quieren alguna señal además de la Palabra de Dios. Ese hábito siempre genera dudas. Si yo hiciera una promesa de encontrarme con un hombre a cierta hora y lugar mañana, y él me pidiera mi reloj como prueba de sinceridad, sería un insulto a mi veracidad. No debemos cuestionar lo que Dios ha dicho. Ha hecho declaración tras declaración e ilustración tras ilustración. Jesús dice:

> *Yo soy la puerta: el que por mí entre será salvo* (Juan 10:9).

> *Yo soy el buen pastor y conozco mis ovejas, y las mías me conocen* (Juan 10:14).

> *Yo soy la luz del mundo; el que me sigue no andará en tinieblas, sino que tendrá la luz de la vida* (Juan 8:12).

Jesús dijo que Él es *el camino, la verdad y la vida* (Juan 14:6). Recíbeme y tendrás la verdad, porque Yo soy la encarnación de la verdad.

¿Quieres saber el camino? Sígueme, y te llevaré al reino. ¿Tienes hambre de justicia? *Yo soy el pan de vida. El que a mí viene nunca tendrá hambre, y el que en mí cree no tendrá sed jamás* (Juan 6:35).

Jesús es el agua viva. *El que beba del agua que yo le daré, no tendrá sed jamás; sino que el agua que yo le daré será en él una fuente de agua que salte para vida eterna* (Juan 4:14).

Él dijo: *Yo soy la resurrección y la vida; el que cree en mí, aunque esté muerto, vivirá. Y todo aquel que vive y cree en mí, no morirá eternamente* (Juan 11:25-26).

Permíteme recordarte de dónde vienen nuestras dudas. Muchos de los hijos de Dios no pasan de verse como siervos. Pero Él nos llama amigos. Si entras en una casa, pronto notarás la diferencia entre el siervo y el hijo. El hijo anda con total libertad por toda la casa; está en su hogar. Pero el siervo toma un lugar subordinado. Debemos dejar de vivir como siervos. Debemos darnos cuenta de nuestra posición como hijos e hijas de Dios. Él no va a «deshijar» a sus hijos. Dios no solo nos ha adoptado, sino que somos Suyos por nacimiento; hemos nacido en Su reino. Mi hijo pequeño era tan mío cuando tenía un día de nacido como lo es ahora a los catorce años. Él era mi hijo, aunque aún no se sabía lo que llegaría a ser como adulto. Es mío, aunque tenga que ser formado por tutores y maestros. Los hijos de Dios no son perfectos, pero somos perfectamente Sus hijos.

Otra fuente de dudas proviene de mirarnos a nosotros mismos. Si queremos sentirnos miserables, llenos de dudas de la mañana a la noche, miremos hacia dentro. *Tú guardarás en completa paz a aquel cuyo pensamiento en ti persevera, porque en ti ha confiado* (Isaías 26:3). Muchos hijos de Dios pierden el gozo por estar mirándose a sí mismos.

Alguien dijo: «Hay tres maneras de mirar. Si quieres sentirte miserable, mira hacia dentro; si quieres distraerte, mira a tu alrededor; pero si quieres tener paz, mira hacia arriba». Pedro quitó la vista de Cristo, y enseguida comenzó a hundirse. El Maestro le dijo: *¡Hombre de poca fe! ¿Por qué dudaste?* (Mateo 14:31). Tenía la Palabra eterna de Dios, que es fundamento más seguro que el mármol, el granito o el hierro, pero en cuanto quitó los ojos de Cristo, se hundió. Los que miran a su alrededor no se dan cuenta cuán inestable y deshonroso es su andar. Debemos mirar fijamente al *autor y consumador de la fe* (Hebreos 12:2).

Cuando yo era niño, solo podía hacer una línea recta en la nieve si mantenía los ojos fijos en un árbol u objeto al frente. En cuanto quitaba la vista del punto fijo, caminaba torcido. Solo al fijarnos en Cristo hallamos perfecta paz. Después de resucitar, Él les mostró a Sus discípulos Sus manos y Sus pies (Lucas 24:40). Esa era la base de la paz de ellos. Si quieres disipar tus dudas, mira la sangre; si quieres aumentarlas, mírate a ti mismo. Tendrás dudas para años enteros con solo ocuparte de ti por unos días.

Mira quién es Él y lo que ha hecho, no quién eres tú ni lo que tú has hecho. Esa es la manera de hallar paz y descanso.

Abraham Lincoln emitió una proclamación declarando la emancipación de tres millones de esclavos. En un día señalado, sus cadenas caerían y serían libres. La proclamación se pegó en árboles y cercas por donde pasaba el ejército del norte. Muchos esclavos no sabían leer, pero otros sí leyeron la proclama, y la mayoría la creyó. Ese día, un grito de gozo se oyó: «¡Somos libres!» Algunos no reclamaron esa libertad para sí mismos y se quedaron con sus antiguos amos, pero eso no cambió el hecho de que eran libres. Cristo, el capitán de nuestra salvación, ha proclamado libertad para todos los que tienen fe en Él. Tomémosle la palabra. Los sentimientos de los esclavos no los hacían libres. El poder debía venir de fuera. Mirarnos a nosotros mismos no nos hará libres, pero mirar a Cristo con los ojos de la fe sí lo hará.

J. C. Ryle dijo maravillosamente en su escrito *Fe y Seguridad*:

> La fe, recordemos, es la raíz, y la seguridad es la flor. Sin duda, no puedes tener la flor sin la raíz; pero es igualmente cierto que puedes tener la raíz sin la flor.
>
> La fe es esa pobre mujer temblorosa que vino por detrás entre la multitud y tocó el borde del manto de Jesús (Marcos 5:25). Seguridad es Esteban de pie en medio de sus asesinos diciendo: *Veo los cielos abiertos, y al Hijo del hombre que está a la diestra de Dios* (Hechos 7:56).
>
> La fe es el ladrón arrepentido clamando: *Acuérdate de mí cuando vengas en tu Reino* (Lucas 23:42). Seguridad es Job sentado en el polvo, cubierto de llagas, diciendo: *Yo sé que mi Redentor vive* (Job 19:25). *Aunque él me mate, en él esperaré* (Job 13:15).
>
> La fe es el clamor de Pedro mientras se hundía: *¡Señor, sálvame!* (Mateo 14:30).

Seguridad es ese mismo Pedro declarando luego ante el concilio: *Este Jesús es la piedra rechazada por vosotros los edificadores, la cual ha venido a ser cabeza del ángulo. Y en ningún otro hay salvación, porque no hay otro nombre bajo el cielo, dado a los hombres, en que podamos ser salvos* (Hechos 4:11-12).

La fe es la voz ansiosa y temblorosa: *Creo; ayuda mi incredulidad* (Marcos 9:24). La seguridad es el desafío confiado: *¿Quién acusará a los escogidos de Dios? Dios es el que justifica. ¿Quién es el que condenará?* (Romanos 8:33-34).

La fe es Saulo orando en casa de Judas, en Damasco, triste, ciego y solo (Hechos 9:11). La seguridad es Pablo, el anciano prisionero, mirando con calma hacia la tumba y diciendo: *Yo sé a quién he creído* (2 Timoteo 1:12), y *me está reservada la corona de justicia* (2 Timoteo 4:8).

La fe es vida. ¡Qué gran bendición! ¿Quién puede medir el abismo entre la vida y la muerte? Y sin embargo, la vida puede ser débil, enfermiza, dolorosa, angustiante, pesada, ansiosa, sin gozo ni sonrisa hasta el final.

La seguridad es más que vida. Es salud,
fuerza, poder, vigor, actividad, energía,
valor y belleza.

Un ministro una vez pronunció la bendición de esta manera: «El corazón de Dios para hacernos bienvenidos, la sangre de Cristo para limpiarnos, y el Espíritu Santo para darnos certeza». La seguridad del creyente es el resultado de la obra del Espíritu de Dios.

Otro escritor dijo:

He visto arbustos y árboles que habían
brotado en rocas, árboles colgando sobre
precipicios temibles, cataratas rugientes
y aguas profundas; pero mantenían su
posición y desplegaban su follaje como si
estuvieran en medio de un bosque denso.
Era su arraigo a la roca lo que los hacía
seguros, y las influencias de la naturaleza
sostenían su vida. Así también los creyentes muchas veces se ven expuestos a los
peligros más espantosos en su camino al
Cielo, pero mientras estén «arraigados y
cimentados» en la Roca de la eternidad,
están perfectamente seguros. Su sujeción
a Él es su garantía, y las bendiciones de Su
gracia les dan vida y los sostienen. Y así
como el árbol debe morir o la roca caer
antes de que se pueda romper la unión
entre ellos, de igual manera el creyente
debería perder su vida espiritual, o la Roca

debería desmoronarse, antes de que su unión pueda disolverse.

Hablando del Señor Jesús, Isaías dice:

*Lo hincaré como un clavo en lugar firme y será motivo de honra para la casa de su padre. Colgarán de él toda la honra de la casa de su padre, los hijos y los nietos, todos los vasos menores, desde las tazas hasta toda clase de jarros.* (Isaías 22:23-24).

Hay un clavo fijado en un lugar seguro y de él cuelgan todos los instrumentos y todas las copas.

—Oh, – dice una pequeña copa, –soy tan pequeña, ¿qué tal si me caigo?

—Oh, – dice un instrumento, – no temo por ti, pero yo soy tan pesado, muy pesado, ¿qué tal si me caigo?

Y una copita dice:

—Oh, si tan solo yo fuera como esa copa de oro, no tendría miedo de caer.

Pero la copa de oro responde:

—No es porque sea una copa de oro que permanezco en alto, sino porque estoy colgada del clavo.

Si el clavo cede, todos caeremos — copas de oro, de barro, de peltre, todas; pero mientras el clavo permanezca, todo lo que cuelga de Él estará seguro.

Una vez leí estas palabras en una lápida: «Nació, murió, guardado y protegido». Oremos para que Dios nos guarde en perfecta paz y con seguridad de salvación.

Capítulo 8

# Cristo es todo

*Cristo es el todo y en todos* (Colosenses 3:11)

C risto es todo lo que nosotros hagamos que sea. Quiero resaltar esa palabra: *todo*. Algunas personas lo consideran *como raíz de tierra seca… sin atractivo alguno para que lo apreciemos* (Isaías 53:2). Para ellos no es nada; no Lo quieren. Algunos cristianos tienen un Salvador muy pequeño, porque no están dispuestos a recibirlo plenamente ni a dejar que haga grandes cosas por ellos. Otros tienen un Salvador poderoso, porque reconocen que Él es grande y poderoso.

Si queremos saber lo que Cristo quiere ser para nosotros, primero debemos conocerlo como nuestro Salvador del pecado. Cuando el ángel descendió del Cielo para anunciar que Jesús nacería en el mundo, declaró Su nombre: *y le pondrás por nombre Jesús, porque él salvará a su pueblo de sus pecados* (Mateo 1:21). ¿Hemos sido librados del pecado? Jesús no vino a salvarnos *en* nuestros pecados, sino *de* nuestros pecados.

Ahora bien, hay tres formas de conocer a una persona. A algunas personas solo las conocemos de oídas. A otras, apenas por haber sido presentados una vez, las conocemos muy superficialmente. A otras las conocemos desde hace años, las conocemos íntimamente. Del mismo modo, creo que hay tres clases de personas hoy en la iglesia cristiana y fuera de ella. Algunos conocen a Cristo solo por lectura o por oídas — reconocen un Cristo histórico. Otros tienen un conocimiento personal leve de Él. En tercer lugar, algunos tienen sed, como Pablo, de *conocerle, y el poder de su resurrección* (Filipenses 3:10). Cuanto más conozcamos a Cristo, más lo amaremos y mejor Le serviremos.

## Salvador

Veamos a Jesús colgado en la cruz, y contemplemos cómo ha quitado el pecado. Él vino a la tierra para quitar nuestros pecados. Si de verdad Le conocemos, primero debemos verlo como nuestro Salvador del pecado. Recuerda cómo los ángeles dijeron a los pastores en los campos de Belén: *Os doy nuevas de gran gozo, que será para todo el pueblo: que os ha nacido hoy, en la ciudad de David, un Salvador, que es Cristo el Señor* (Lucas 2:10-11). Luego, si volvemos a Isaías, setecientos años antes del nacimiento de Cristo, encontraremos estas palabras: *Yo, yo soy Jehová, y fuera de mí no hay quien salve* (Isaías 43:11).

En 1 Juan 4:14 leemos: *Y nosotros hemos visto y*

*testificamos que el Padre ha enviado al Hijo, el Salvador del mundo.* Todas las religiones paganas enseñan que el hombre debe ascender hasta Dios por sus propios méritos, pero la religión de Jesucristo es Dios descendiendo hasta nosotros para salvarnos y levantarnos del pozo del pecado. En Lucas 19:10 leemos que Cristo mismo dijo por qué había venido: *el Hijo del hombre vino a buscar y a salvar lo que se había perdido.* Así que comenzamos desde la cruz, no desde la cuna. Cristo ha abierto un camino nuevo y vivo hacia el Padre. Ha quitado todos los tropiezos del camino, de modo que todo el que confíe en Jesús como Salvador puede tener salvación.

## Libertador

Pero Jesucristo no es solo Salvador. Yo podría salvar a un hombre de ahogarse y rescatarlo de una tumba prematura, pero quizá no podría hacer nada más por él. Cristo es más que un Salvador. Cuando los hijos de Israel estaban resguardados tras la sangre, esa sangre era su salvación, pero aún habrían escuchado el látigo del capataz si no hubieran sido librados del yugo egipcio de la esclavitud. Fue Dios quien los libró de la mano del rey de Egipto.

No simpatizo con la idea de que Dios venga a salvarnos y luego nos deje en prisión, siendo esclavos de nuestros pecados opresores. No. Él ha venido para liberarnos y darnos victoria sobre nuestro mal carácter, nuestras pasiones y nuestros deseos. ¿Profesas ser cristiano pero eres esclavo de algún pecado que te atormenta? Si quieres obtener victoria sobre ese carácter o esa lujuria, sigue conociendo a Cristo más íntimamente.

Él trae liberación para el pasado, el presente y el futuro. *Él **nos libró** y nos libra y esperamos que aun **nos librará** de tan grave peligro de muerte* (2 Corintios 1:10).

## Redentor

Cuántas veces, como los hijos de Israel al llegar al Mar Rojo, nos hemos desanimado porque todo parecía oscuro delante, detrás y alrededor, y no sabíamos hacia dónde volvernos. Como Pedro, hemos preguntado: *¿A quién iremos?* (Juan 6:68). Pero Dios ha aparecido para nuestra liberación. Nos ha hecho cruzar el Mar Rojo hacia el desierto y ha abierto el camino hacia la tierra prometida. Cristo no solo es nuestro libertador, sino también nuestro redentor. Eso es más que ser nuestro Salvador. Él nos ha comprado de nuevo. *De balde fuisteis vendidos; por tanto, sin dinero seréis rescatados* (Isaías 52:3). No fuimos redimidos *con cosas corruptibles, como oro o plata* (1 Pedro 1:18). Si el oro hubiera podido redimirnos, ¿no habría podido crear diez mil mundos llenos de oro?

## Guía

Cuando Dios redimió a los hijos de Israel de la esclavitud en Egipto y los hizo cruzar el Mar Rojo, ellos se internaron en el desierto, y Dios se convirtió en su Camino. Estoy tan agradecido de que el Señor no nos haya dejado en tinieblas respecto al camino correcto. No hay persona viva que ande a tientas en la oscuridad que no pueda llegar a conocer el camino. *Yo soy el camino,* dice Jesús (Juan 14:6). Si seguimos a Cristo, estaremos en el camino correcto y tendremos la doctrina correcta.

¿Quién más podría guiar al pueblo de Israel por el desierto como el Dios Todopoderoso? Él conocía los peligros y trampas del camino, y guió al pueblo durante su travesía hasta la tierra prometida. Es cierto que si no hubiera sido por la maldita incredulidad del pueblo, habrían cruzado y tomado posesión desde Cades-barnea, pero deseaban algo más aparte de la palabra de Dios, así que fueron devueltos al desierto y vagaron durante cuarenta años.

Creo que hay miles de hijos de Dios que aún vagan por el desierto. El Señor los ha librado de la mano del egipcio y los llevaría inmediatamente a la tierra prometida si tan solo quisieran seguir a Jesús. Él ya ha estado aquí y ha allanado los lugares difíciles, ha alumbrado los oscuros y enderezado los torcidos. Si tan solo Lo seguimos y nos dejamos guiar por Él, tendremos paz, gozo y descanso.

En las zonas fronterizas, cuando un hombre sale a cazar, lleva un hacha y va cortando pedazos de la corteza de los árboles a medida que avanza por el bosque; esto se llama «marcar el camino». Lo hace para poder encontrar el camino de regreso, ya que no hay sendero claro en esos bosques espesos. Cristo ha descendido a esta tierra y ha «marcado el camino». Ahora que ha ascendido al Cielo, si tan solo Le seguimos, permaneceremos en el camino correcto.

Puedes saber si estás siguiendo a Cristo de esta manera: si alguien te ha calumniado o te ha juzgado mal, ¿lo tratas como lo haría tu Maestro? Si no soportas estas cosas con un espíritu de amor y perdón, todas las iglesias y ministros del mundo no podrán corregirte. *Si alguno no tiene el Espíritu de Cristo, no es de él* (Romanos 8:9). *De modo que si alguno está en Cristo, nueva criatura es: las cosas viejas pasaron; todas son hechas nuevas* (2 Corintios 5:17).

## Luz

Cristo no solo es nuestro camino, sino también la luz en ese camino. Él dice: *Yo soy la luz del mundo; el que me sigue no andará en tinieblas, sino que tendrá la luz de la vida* (Juan 8:12). Es imposible que un hombre o mujer que siga a Cristo ande en tinieblas. Si tu alma está en oscuridad y andas a tientas entre la niebla y el humo de la tierra, es porque te has apartado de la luz verdadera. Nada, salvo la luz, puede disipar las tinieblas. Si andas en oscuridad espiritual, permite que Cristo entre en tu corazón. Él es la luz.

Recuerdo una imagen que solía gustarme mucho, pero que ahora al mirarla más detenidamente, no la colgaría en casa a menos que la pusiera vuelta hacia la pared. Representa a Cristo, de pie ante una puerta y llamando, con una gran linterna en la mano. Sería como colgar una linterna frente al sol. Cristo es el Sol de Justicia, y es nuestro privilegio andar a la luz de un sol sin nubes (Malaquías 4:2).

## Paz y gozo

Muchas personas están buscando luz, paz y gozo. No se nos manda a buscar estas cosas. Si permitimos que Cristo entre en nuestros corazones, todas ellas vendrán por sí solas. Recuerdo que cuando era niño intentaba atrapar mi sombra. Un día caminaba con el rostro hacia el sol, y al darme la vuelta vi que mi sombra me seguía. Cuanto más rápido caminaba, más rápido me seguía. No podía separarme de ella. Cuando nuestro rostro está dirigido al Sol de Justicia, la paz y el gozo vendrán con certeza.

Un hombre me dijo hace algún tiempo: «Moody, ¿cómo te sientes?» Hacía tanto que no pensaba en mis sentimientos que tuve que detenerme y pensar un poco para saberlo. Algunos cristianos están pensando en sus sentimientos todo el tiempo, y como no se sienten del todo bien, creen que su gozo se ha ido. Si mantenemos nuestro rostro hacia Cristo y nos ocupamos de Él, seremos elevados por encima de la oscuridad y las dificultades que hayan rodeado nuestro camino.

Recuerdo haber estado en una reunión después de que estallara la Guerra Civil. La guerra llevaba unos seis meses. El ejército del norte había sido derrotado en Bull Run; de hecho, no teníamos más que derrotas, y parecía que la república se venía abajo. Estábamos abatidos y desanimados. En esa reunión, todos los que hablaban parecían haber colgado sus arpas en los sauces (Salmo 137:2). Fue una de las reuniones más sombrías que he presenciado. Finalmente, un anciano de hermoso cabello blanco se levantó para hablar. Su rostro literalmente brillaba. «Jóvenes» dijo, «no hablan como hijos del Rey. Aunque esté oscuro aquí, recuerden que en otra parte hay luz». Luego dijo que si en todo el mundo hubiera oscuridad, aún habría luz alrededor del trono de Dios.

Contó que venía del este, donde un amigo le había descrito cómo subió una montaña para pasar la noche y ver salir el sol. Mientras el grupo subía la montaña y aún no llegaban a la cima, se desató una tormenta. Este amigo le dijo al guía:

– Voy a renunciar; llévame de regreso.

El guía sonrió y respondió:

—Creo que pronto saldremos por encima de la tormenta.

Siguieron adelante, y no pasó mucho antes de que llegaran a un lugar tan tranquilo como una tarde de verano. Abajo, en el valle, la tormenta rugía con fuerza; podían oír los truenos y ver los relámpagos, pero todo estaba en calma y paz en la cima de la montaña.

—Así que, mis jóvenes amigos—, continuó el anciano, —aunque todo esté oscuro a su alrededor, suban un poco más alto, y la oscuridad huirá.

Muchas veces, cuando me he sentido tentado a desanimarme, he recordado lo que dijo. Si estás en el valle entre la niebla espesa y la oscuridad, sube un poco más; acércate más a Cristo y conócelo mejor.

La Biblia dice que cuando Cristo murió en la cruz, la luz del mundo se apagó. Dios envió a Su Hijo para ser la luz del mundo, pero los hombres no amaron la luz porque la luz reprendía sus pecados. Cuando estaban a punto de apagar esa luz, ¿qué les dijo Cristo a sus discípulos? *Seréis mis testigos* (Hechos 1:8). Él ha ascendido para interceder por nosotros, pero quiere que brillemos por Él aquí abajo. *Vosotros sois la luz del mundo* (Mateo 5:14). Nuestra tarea es brillar, no tocar la trompeta para que la gente nos mire. Lo que debemos hacer es mostrar a Cristo. Si tenemos alguna luz, es una luz prestada.

Alguien le dijo a un joven cristiano:

—¡Convertido! Eso es puro cuento de hadas, un espejismo como el de la luna que se ve grande en el horizonte.

El joven cristiano respondió:

—Le agradezco la ilustración. La luna recibe su luz del sol, y nosotros recibimos la nuestra del Sol de Justicia.

Si somos de Cristo, estamos aquí para brillar por Él. Y pronto, Él nos llamará a casa para recibir nuestra recompensa.

Recuerdo haber oído hablar de un hombre ciego que se sentaba junto al camino con una linterna encendida a su lado. Cuando le preguntaron por qué tenía una linterna si no podía ver su luz, dijo que era para que los demás no tropezaran con él. Creo que más personas tropiezan con las incongruencias de los cristianos profesantes que por cualquier otra causa. Lo que más daño hace a la causa de Cristo, más que todo el escepticismo del mundo, es este formalismo frío y muerto, esta conformidad con el mundo, esta profesión sin posesión. Los ojos del mundo están puestos en nosotros. Creo que fue George Fox quien dijo que cada cuáquero debería iluminar diez millas a la redonda. Si todos brilláramos intensamente para el Maestro, los que nos rodean serían alcanzados rápidamente y habría un clamor de alabanza subiendo al Cielo.

## Verdad

La gente dice: «Quiero saber cuál es la verdad». Escucha: Jesús dijo que Él es la verdad (Juan 14:6). Si quieres saber qué es la verdad, conócelo a Él. La gente también se queja de que no tiene vida. Muchos están tratando de darse vida espiritual a sí mismos. Puedes intentar reanimarte y electrificarte, por así decirlo, pero el efecto no durará mucho. Solo Cristo es el autor de la vida. Si quieres tener verdadera vida espiritual, conoce a Jesucristo. Muchos intentan provocar vida espiritual asistiendo a reuniones. Eso puede estar bien, pero no servirá de nada a menos que entren en contacto con Cristo vivo; entonces su vida espiritual no será intermitente, sino constante, fluyendo sin cesar y dando fruto para Dios.

## Guardián

Jesús es nuestro guardián. Muchos discípulos jóvenes temen no mantenerse firmes y perseverar en la fe. *No se adormecerá ni dormirá el que guarda a Israel* (Salmo 121:4). Es tarea de Cristo guardarnos, y si Él nos guarda, no habrá peligro de que caigamos. Supongo que si la reina tuviera que cuidar la corona de Inglaterra, algún ladrón intentaría robarla, pero está guardada en la Torre de Londres y vigilada día y noche por soldados. Se llamaría a todo el ejército inglés para protegerla, si fuera necesario. Nosotros no tenemos fuerza en nosotros mismos. No somos rival para Satanás; él tiene seis mil años de experiencia. Pero recordamos que el que no duerme ni se adormece es nuestro guardián. En Isaías 41:10 leemos: *No temas, porque yo estoy contigo; no desmayes, porque yo soy tu Dios que te esfuerzo; siempre te ayudaré, siempre te sustentaré con la diestra de mi justicia.* En Judas versículo 24 se nos dice que Él es poderoso para guardarnos sin caída. *Abogado tenemos para con el Padre, a Jesucristo, el justo* (1 Juan 2:1).

## Pastor

Jesucristo también es nuestro pastor. Es tarea del pastor cuidar de las ovejas, alimentarlas y protegerlas. *Yo soy el buen pastor; el buen pastor su vida da por las ovejas.* En ese maravilloso capítulo diez del evangelio de Juan, Cristo usa el pronombre personal nada menos que veintiocho veces para declarar quién es y qué hará. En el versículo 28 dice: *No perecerán jamás, ni nadie las arrebatará de mi mano.* Ninguna persona ni diablo puede hacerlo. La Escritura también declara: *Vuestra vida está escondida con Cristo en Dios* (Colosenses 3:3). ¡Qué seguro y protegido estás!

Cristo dice: *Mis ovejas oyen mi voz… y me siguen* (Juan 10:27). Un caballero en Oriente oyó hablar de un pastor que podía llamar a todas sus ovejas por su nombre. Fue y preguntó si era cierto. El pastor lo llevó al campo donde estaban, y llamó a una por un nombre. Una oveja levantó la cabeza y respondió al llamado, mientras las demás seguían pastando sin prestar atención. De la misma manera, llamó a una docena más a su alrededor. El visitante dijo:

—¿Cómo las distingues? Todas se ven exactamente iguales.

—Bueno, verá— dijo el pastor —esa oveja mete un poco las patas; esa otra bizquea; una tiene un pedacito de lana menos; otra tiene una mancha negra; otra más tiene un trozo de la oreja cortado.

El pastor conocía a todas sus ovejas por sus defectos, porque no tenía una sola perfecta en todo el rebaño. Supongo que nuestro Pastor nos conoce de la misma manera.

Un pastor de ovejas oriental le dijo a un caballero que sus ovejas conocían su voz y que ningún extraño podía engañarlas. El caballero pensó que sería interesante poner a prueba tal afirmación. Se puso el manto y el turbante del pastor, tomó su cayado, se acercó al rebaño y, disfrazando su voz intentó hablar como el pastor. Pero no logró que ninguna oveja lo siguiera. Le preguntó entonces si alguna vez sus ovejas seguían a un extraño. El pastor respondió que si una oveja se enfermaba, podía seguir a cualquiera.

Así sucede con muchos cristianos profesantes: cuando se debilitan o enferman en la fe, seguirán a cualquier maestro que se cruce en su camino. Pero cuando el alma está sana, un cristiano no será arrastrado por errores ni herejías. Sabrá reconocer si la voz habla la verdad o no. Pronto podrá discernir la voz de Dios, si realmente está en comunión con Él. Cuando Dios envía un mensajero verdadero, sus palabras hallarán eco en el corazón del creyente.

Cristo es un Pastor tierno. Puede que a veces pienses que no ha sido muy tierno contigo si estás bajo la vara de la disciplina. Pero está escrito: *Porque el Señor al que ama, disciplina, y azota a todo el que recibe por hijo* (Hebreos 12:6). El hecho de estar bajo la vara no es prueba de que Cristo no te ama. Un amigo mío perdió a todos sus hijos. Ningún hombre podría haber amado más a su familia, pero la fiebre escarlatina se los llevó uno a uno; todos sus cuatro o cinco hijos murieron. Los padres afligidos viajaron a Gran Bretaña y de allí por el continente europeo.

Finalmente llegaron a Siria. Un día vieron a un pastor que bajaba hasta un arroyo y llamaba a su rebaño para cruzar. Las ovejas se acercaron a la orilla, pero al ver el agua se detuvieron y no respondieron a su llamado. Entonces, el pastor tomó un corderito bajo un brazo y otro bajo el otro brazo, y cruzó el arroyo. Las ovejas mayores ya no se quedaron mirando el agua; se lanzaron detrás del pastor y, en unos minutos, todo el rebaño estaba del otro lado. Él las condujo hacia pastos nuevos y frescos.

Al presenciar esa escena, los padres afligidos comprendieron la lección. Ya no murmuraban porque el Gran Pastor había llevado a sus corderitos uno a uno al otro mundo. Alzaron su mirada con esperanza hacia el momento en que ellos también seguirían a sus amados. Si tú también tienes seres queridos que se han adelantado, recuerda que tu Pastor te está llamando: *poned la mira en las cosas de arriba, no en las de la tierra* (Colosenses 3:2). Seamos fieles y sigámosle mientras estemos en este mundo. Si aún no lo has recibido como tu Pastor, hazlo hoy mismo.

## Mucho más

Cristo no es solo todo lo que ya hemos mencionado. También es nuestro Mediador, nuestro Santificador, nuestro Justificador; en realidad, se necesitarían volúmenes para describir todo lo que desea ser para cada alma. Mientras revisaba unos escritos leí esta maravillosa descripción de Cristo. No sé de dónde proviene, pero fue tan refrescante para mi alma que deseo compartirla contigo:

- Cristo es nuestro Camino; caminamos en Él.
- Él es nuestra Verdad; Lo abrazamos.
- Él es nuestra Vida; vivimos en Él.
- Él es nuestro Señor; Lo escogemos para que gobierne sobre nosotros.
- Él es nuestro Maestro; Le servimos.
- Él es nuestro Maestro, instruyéndonos en el camino de la salvación.
- Él es nuestro Profeta, señalando el futuro.
- Él es nuestro Sacerdote, habiendo hecho expiación por nosotros.
- Él es nuestro Abogado, que vive para interceder por nosotros.
- Él es nuestro Salvador, salvándonos hasta el extremo.
- Él es nuestra Raíz; crecemos a partir de Él.
- Él es nuestro Pan; nos alimentamos de Él.
- Él es nuestro Pastor, guiándonos hacia verdes pastos.
- Él es la Vid verdadera; permanecemos en Él.

- Él es el Agua de Vida; saciamos nuestra sed en Él.
- Él es el más hermoso entre diez mil; Lo admiramos sobre todos los demás.
- Él es el resplandor de la gloria del Padre y la imagen misma de Su ser; nos esforzamos por reflejar Su semejanza.
- Él sustenta todas las cosas; nos apoyamos en Él.
- Él es nuestra Sabiduría; nos guía.
- Él es nuestra Justicia; depositamos en Él todas nuestras imperfecciones.
- Él es nuestra Santificación; de Él recibimos todo poder para una vida santa.
- Él es nuestra Redención, redimiéndonos de toda iniquidad.
- Él es nuestro Sanador, sanando todas nuestras enfermedades.
- Él es nuestro Amigo, supliendo todas nuestras necesidades.
- Él es nuestro Hermano, animándonos en nuestras dificultades.
- Él es nuestra Resurrección: aunque muramos, viviremos por Él.
- Él es nuestra Vida Eterna: de Él recibiremos «el aliento de la inmortalidad».

Gotthold Lessing escribió otro hermoso fragmento:

> En lo que a mí respecta, mi alma es como un niño hambriento y sediento que necesita de Su amor y consuelo para encontrar alivio. Soy una oveja perdida, y necesito que Él sea un buen y fiel pastor. Mi alma es como una paloma asustada perseguida por el halcón, y necesito Sus heridas como refugio. Soy una vid débil, y necesito aferrarme a Su cruz. Soy un pecador, y necesito Su justicia. Estoy desnudo y vulnerable, y necesito que Su santidad e inocencia me cubran. Estoy angustiado y preocupado, y necesito Su consuelo. Soy ignorante y necesito Su enseñanza; soy sencillo y necio, y necesito la guía de Su Espíritu Santo. En ninguna situación y en ningún momento puedo prescindir de Él.
>
> ¿Oro? Él debe impulsarme e interceder por mí. ¿Satanás me acusa ante el tribunal divino? Él debe ser mi abogado. ¿Estoy afligido? Él debe ser mi ayuda. ¿Soy perseguido por el mundo? Él debe defenderme. Cuando me abandonan, Él debe ser mi sostén. Cuando muera, Él será mi vida; cuando mi cuerpo se descomponga en la tumba, Él será mi resurrección.

Por lo tanto, prefiero perder todo lo que el mundo ofrece antes que perderte a Ti, mi Salvador; y, gracias a Dios, sé que Tú tampoco puedes prescindir de mí ni deseas hacerlo. Tú eres rico, y yo soy pobre. Tú tienes abundancia, y yo tengo necesidad. Tú tienes justicia, y yo tengo pecados. Tú tienes vino y aceite, y yo tengo heridas. Tú tienes consuelo y refrigerio, y yo tengo hambre y sed.

Úsame entonces, mi Salvador, para el propósito que desees y de la manera que decidas. Aquí está mi pobre corazón, un vaso vacío; llénalo con Tu gracia. Aquí está mi alma pecadora y afligida; vivifícala y refréscala con Tu amor. Toma mi corazón como Tu morada; mi boca para proclamar la gloria de Tu nombre; mi amor y todas mis facultades para exaltarte y servir a Tu pueblo creyente. No permitas jamás que la firmeza y la confianza de mi fe disminuyan, para que, en todo momento, pueda decir de corazón: «Jesús me necesita, y yo a Él; por eso somos el uno para el otro».

Capítulo 9

# El cristiano que se aleja

*Yo los sanaré de su rebelión, los amaré de
pura gracia, porque mi ira se apartó de ellos*
(Oseas 14:4)

Existen dos tipos de cristianos que se alejan de Cristo. Algunos nunca se han convertido; han pasado por el acto de unirse a una comunidad cristiana y dicen haberse alejado, pero nunca se alejaron «hacia adelante», digamos. Pueden hablar de alejamiento, pero en realidad nunca han nacido de nuevo. A ellos hay que tratarlos de forma distinta a los que de veras se alejaron: aquellos que han nacido de la simiente incorruptible, pero que se han apartado. A estos últimos queremos traerlos de vuelta por el mismo camino por el que abandonaron a su primer amor.

Veamos el Salmo 85:5-7. Allí leemos: *¿Estarás enojado contra nosotros para siempre? ¿Extenderás tu ira* *de generación en generación? ¿No volverás a darnos vida, para que tu pueblo se regocije en ti? ¡Muéstranos, Jehová, tu misericordia y danos tu salvación!*

Ahora mira el Salmo 85:8: *Escucharé lo que hablará Jehová Dios, porque hablará paz a su pueblo y a sus santos, para que no se vuelvan a la locura.*

No hay nada que haga tanto bien a los que se alejaron como el contacto con la Palabra de Dios; para ellos, el Antiguo Testamento es tan útil como el Nuevo. El libro de Jeremías tiene pasajes maravillosos para los descarriados. Lo que necesitamos es hacer que escuchen lo que el Señor Dios tiene que decir.

Veamos un momento Jeremías 6:10: *¿A quién hablaré y amonestaré, para que escuchen? Sus oídos son incircuncisos, y no pueden escuchar; y la palabra de Jehová les es cosa vergonzosa, ¡no la aman!* Esa es la condición de los que se alejaron. No sienten ningún deleite por la Palabra de Dios. Pero queremos traerlos de vuelta y dejar que Dios capte su atención. Ahora lee Jeremías 6:14-17:

> *Curan la herida de mi pueblo con liviandad, diciendo: «Paz, paz», ¡pero no hay paz! ¿Se han avergonzado de haber hecho abominación? Ciertamente no se han avergonzado, ni aun saben tener vergüenza; por tanto, caerán entre los que caigan; cuando los castigue caerán, dice Jehová». Así dijo Jehová: «Paraos en los caminos, mirad y preguntad por las sendas antiguas, cuál sea el buen camino. Andad por él y hallaréis descanso para vuestra alma».*

*Mas dijeron: «¡No andaremos!» «Puse también sobre vosotros atalayas, que dijeran: «¡Estad atentos al sonido de la trompeta!» Y ellos dijeron: «¡No lo estaremos!».*

Esa era la situación de los judíos cuando se habían apartado. Habían dejado los caminos antiguos. Esa es la situación de los que se alejan. Pusieron distancia entre ellos y el buen Libro. Adán y Eva cayeron por no escuchar la Palabra de Dios. No creyeron en la palabra de Dios, sino que creyeron al tentador. Así es como caen los que se alejan: apartándose de la Palabra de Dios.

En el capítulo dos de Jeremías encontramos a Dios rogándoles como un padre ruega a su hijo:

*«Así dice Jehová: «¿Qué maldad hallaron en mí vuestros padres, que se alejaron de mí, y se fueron tras la vanidad y se volvieron vanos?… Por tanto, pleitearé aún con vosotros, dice Jehová. Con los hijos de vuestros hijos pleitearé… porque dos males ha hecho mi pueblo: me dejaron a mí, fuente de agua viva, y cavaron para sí cisternas, cisternas rotas que no retienen el agua»* (Jeremías 2:5, 9, 13).

Hay algo que deberíamos recordarles a los que se alejan de Dios: el Señor nunca los abandonó, ¡fueron ellos quienes Lo abandonaron! ¡El Señor nunca se apartó de ellos, sino que ellos se apartaron de Él! ¡Y esto, además, sin motivo alguno! Él pregunta: *«¿Qué maldad hallaron en mí vuestros padres, que se alejaron de mí?»* ¿No es Dios el mismo hoy que cuando acudiste a Él por primera vez? ¿Acaso ha cambiado Dios? Los hombres tienden a pensar que Dios ha cambiado, pero el error está en ellos. Si te alejaste, yo te pregunto: «Qué iniquidad encontraste en Dios para dejarlo y alejarte de Él?». Tú, dice Él, te cavaste cisternas rotas que no retienen agua. El mundo no puede satisfacer la nueva naturaleza. Ningún pozo terrenal puede saciar el alma que ha participado de la naturaleza celestial. Ni el honor, ni la riqueza, ni los placeres de este mundo podrán llenar a quienes se han desviado y buscan saciarse en las fuentes del mundo después de haber probado el agua de vida. Los pozos terrenales se secarán. No pueden aplacar la sed espiritual.

Jeremías 2:32 dice: *¿Se olvida la virgen de su atavío o la desposada de sus galas? Pero mi pueblo se ha olvidado de mí por innumerables días».* Esa es la acusación que Dios trae contra el apóstata. Ellos se han *olvidado de Mí por innumerables días.*

A menudo he sorprendido a alguna joven al decirle:

—Amiga mía, piensas más en tus aretes que en el Señor.

La respuesta ha sido:

—No, no es así.

Pero cuando les he preguntado:

—¿No te preocuparía perder uno? ¿lo buscarías?

La respuesta ha sido:

—Bueno, sí, creo que lo haría.

Pero cuando se apartaron del Señor no les preocupaba, ni lo buscaban para encontrarlo.

¡Cuántas jóvenes que antes estaban en comunión diaria con el Señor ahora piensan más en sus ropas y joyas que en sus preciosas almas! Al amor no le gusta que se lo olvide. Las madres tendrían el corazón roto si sus hijos las abandonaran y nunca escribieran una palabra o enviaran algún recuerdo de su cariño; Dios busca y llama a los que se alejan como un padre o una madre a sus seres queridos que se han extraviado. Trata de traerlos de vuelta. Les pregunta: «¿Qué hice para que te alejaras?».

Las palabras más tiernas y amorosas que encontramos en toda la Biblia son las que Dios tiene para aquellos que Lo han abandonado sin causa. Escucha cómo argumenta con ellos: *Tu maldad te castigará y tus rebeldías te condenarán; reconoce, pues, y ve cuán malo y amargo es el haber dejado tú a Jehová, tu Dios, y no tener temor de mí, dice el Señor, Jehová de los ejércitos* (Jeremías 2:19).

No exagero cuando digo que he visto regresar a Dios a cientos de los que se habían alejado, y les he preguntado si no encontraron algo malo y amargo en apartarse del Señor. Todos los que conocen al Señor y se alejaron alguna vez de Él te dirán que es algo malo y amargo apartarse de Él. No conozco ningún versículo más usado para traer de vuelta a los errantes que este de Jeremías. Que te traiga de vuelta si te has ido al país lejano.

Considera a Lot. ¿No lo encontró algo malo y amargo? Estuvo en Sodoma veinte años y nunca convirtió a una sola persona. Le iba bien ante los ojos del mundo. Las personas te habrían dicho que era uno de los hombres más influyentes y dignos de toda Sodoma. ¡Pero ay!

Arruinó a su familia. Es una visión lastimosa ver a ese viejo rebelde que se alejó de Dios caminando por las calles de Sodoma a medianoche, después de haber advertido a sus hijos y ellos haber hecho oídos sordos.

Nunca he conocido a un hombre y su esposa que se hayan apartado sin que eso haya resultado en la ruina total de sus hijos. Ellos harán un ridículo de la religión y se burlarán de sus padres: *Tu maldad te corregirá, y tus apostasías te reprenderán.* ¿No lo encontró David también? Escúchalo llorando: *¡Hijo mío Absalón, hijo mío, hijo mío Absalón! ¡Quién me diera haber muerto en tu lugar, Absalón, hijo mío, hijo mío!* (2 Samuel 18:33). Creo que fue la perdición, más que la muerte de su hijo lo que causó esta angustia.

Recuerdo haber estado conversando con un anciano hasta pasada la medianoche hace varios años. Había estado vagando por años en las montañas áridas del pecado. Esa noche quiso regresar a Dios. Oramos y oramos y oramos, hasta que la luz de Dios brilló en él; se fue gozoso. A la noche siguiente se sentó frente a mí mientras predicaba, y no creo haber visto a alguien tan triste y desdichado en toda mi vida. Me siguió hasta la sala de consulta.

—¿Qué te pasa? —le pregunté—. ¿Tu mirada se apartó del Salvador? ¿Han regresado tus dudas?

—No, no es eso —dijo—. No fui a trabajar, sino que pasé todo el día visitando a mis hijos. Todos están casados y en esta ciudad. Fui de casa en casa, pero todos se burlaron de mí. Es el día más oscuro de mi vida. Me di cuenta de lo que he hecho. He llevado a mis hijos al mundo, y ahora no puedo sacarlos de él.

El Señor le había restaurado el gozo de Su salvación, pero allí estaba la amarga consecuencia de su transgresión. Si miras a tu alrededor, puedes encontrar casos como este repetidos una y otra vez. Muchos llegaron a tu ciudad hace años y sirvieron a Dios en su prosperidad, pero Lo han olvidado; ¿y dónde están sus hijos e hijas? Muéstrame al padre y la madre que han abandonado al Señor y han regresado a las pequeñeces del mundo, y es probable que sus hijos estén en el camino directo hacia la perdición. Como deseamos ser fieles, les advertimos esto a los que se alejan del Señor. Es una señal de amor la que te advierte sobre un peligro. Tal vez nos vean como enemigos por un tiempo, pero los verdaderos amigos son aquellos que levantan la voz de advertencia. Israel no tuvo amigo más fiel que Moisés. Dios le dio a Su pueblo a Jeremías, un profeta que pronunciaba lamentaciones, con el fin de traerlos de vuelta a Él, pero ellos desechaban a Dios. Olvidaron al Dios que los sacó de Egipto y que los guió a través del desierto hasta la tierra prometida. En su prosperidad, Lo olvidaron y se apartaron. El Señor les había dicho lo que ocurriría, y ocurrió (Deuteronomio 28). El rey que despreció la palabra de Dios fue capturado por Nabucodonosor, y sus hijos fueron puestos delante de él, y todos fueron asesinados. Luego, le sacaron los ojos, lo ataron con cadenas de bronce y lo echaron en un calabozo en Babilonia (2 Reyes 25:7). Así cosechó lo que sembró. Ciertamente es algo malo y amargo apartarse de Dios, pero el Señor quiere ganarte de nuevo con el mensaje de Su Palabra.

En Jeremías 8:5 leemos: *¿Por qué es este pueblo de*

*Jerusalén rebelde con rebeldía sin fin? Abrazaron el engaño y no han querido volverse.* Esa es la acusación que el Señor hace contra ellos. *No han querido volverse.* Dios continúa:

> *Escuché con atención: no hablan rectamente, no hay hombre que se arrepienta de su mal, diciendo: «¿Qué he hecho?» Cada cual se volvió a su propia carrera, como caballo que se lanza con ímpetu a la batalla. Aun la cigüeña en el cielo conoce su tiempo, y la tórtola, la grulla y la golondrina guardan el tiempo de su venida; pero mi pueblo no conoce el juicio de Jehová* (Jeremías 8:6-7).

Ahora mira: *Escuché con atención: no hablan rectamente.* ¡No hay altar familiar! ¡No hay lectura de la Biblia! ¡No hay devoción privada! ¡Dios se inclina hacia ellos para escuchar, pero Su pueblo se ha apartado! Para el que se ha alejado y es penitente, ansioso por el perdón y la restauración, no hay palabras más tiernas que las que se encuentran en Jeremías 3:12-14:

> *Ve y proclama estas palabras hacia el norte, y di: «Vuélvete, rebelde Israel, dice Jehová; no haré caer mi ira sobre ti, porque misericordioso soy yo, dice Jehová; no guardaré para siempre el enojo. Reconoce, pues, tu maldad, porque contra Jehová, tu Dios, te has levantado, y has fornicado con los*

> *extraños debajo de todo árbol frondoso,*
> *y no has escuchado mi voz, dice Jehová»*
> *Convertíos, hijos rebeldes, dice Jehová, porque yo soy vuestro esposo; os tomaré, uno de cada ciudad y dos de cada familia, y os introduciré en Sión.*

*Reconoce, pues, tu maldad.* ¡Cuántas veces he presentado ese pasaje a alguien que se había alejado de Dios! Reconoce tu pecado, y Dios dice que te perdonará. Recuerdo que un hombre preguntó:

—¿Quién dijo eso? ¿Está allí?

Y le mostré el pasaje, *Reconoce, pues, tu maldad*, y el hombre se arrodilló y exclamó:

—¡Dios mío, he pecado!

El Señor lo restauró entonces y allí mismo. Si te has desviado, Él quiere que regreses.

Más tarde, Dios dice: *¿Qué haré contigo, Efraín? ¿Qué haré contigo, Judá? Vuestra piedad es como nube matinal, como el rocío de la madrugada, que se desvanece* (Oseas 6:4). ¡Su compasión y Su amor son maravillosos!

Mira Jeremías 3:22: *¡Convertíos, hijos rebeldes, y os sanaré de vuestras rebeliones! Aquí estamos, venimos a ti, porque tú, Jehová, eres nuestro Dios.* Él incluso pone las palabras correctas en la boca del rebelde que se alejó. Solo ven, y si vienes, Él te recibirá con gracia y te amará libremente.

En Oseas 14:1-2, 4: *¡Vuelve, Israel, a Jehová, tu Dios, pues por tu pecado has caído! Llevad con vosotros palabras de súplica, volved a Jehová* [Él pone las palabras en tu boca] *y decidle: «Quita toda iniquidad, acepta lo* *bueno, te ofreceremos la ofrenda de nuestros labios... Yo los sanaré de su rebelión, los amaré de pura gracia, porque mi ira se apartó de ellos.* «Regresar a Dios» resuena a través de estos pasajes.

Si te has desviado, recuerda que fuiste tú quien lo dejó a Él; Él no te dejó a ti. Debes salir del pozo del que se rebela y aleja de la misma manera en que entraste. Si tomas el mismo camino de regreso que el que tomaste cuando dejaste al Maestro, lo encontrarás ahora, justo donde estás.

Si tratáramos a Cristo como a cualquier amigo terrenal, nunca lo dejaríamos, y nunca habría un solo rebelde que se aleja. Si estuviera en una ciudad durante una semana, no pensaría en irme sin dar la mano a los amigos que hice y despedirme de ellos. Sería justamente criticado si tomara el tren y me fuera sin decir una palabra a nadie. Gritarían: «¿Qué pasa?». Pero ¿alguna vez has oído que alguien que se rebela y aleja le dijo adiós al Señor Jesucristo? ¿Alguna vez has oído de alguien alejándose de Jesús que primero se encontró con Dios solo y dijo: «Señor Jesús, te he conocido diez, veinte o treinta años, pero estoy cansado de servirte. Tu yugo no es fácil, ni tu carga ligera, así que voy a volver al mundo, a las cosas de Egipto. ¡Adiós, Señor Jesús! ¡Adiós!»? ¿Alguna vez has oído eso? No, nunca lo has oído, y nunca lo oirás. Te digo, si te apartas para estar con Dios y cierras la puerta al mundo, y tienes comunión con el Maestro, no puedes dejarlo. El lenguaje de tu corazón será: *Señor, ¿a quién iremos? Tú tienes palabras de vida eterna* (Juan 6:68). No podrías regresar al mundo si lo trataras de esa manera. Sabrías que solo puedes volver a Jesús. Pero tú lo dejaste y huiste. Lo has olvidado durante incontable cantidad de días. ¡Vuelve hoy, así como eres! Decide que no descansarás hasta que Dios te haya restaurado el gozo de Su salvación.

Un caballero en Cornwall una vez se encontró con un cristiano en la calle de quien sabía que se había alejado de Dios. Se acercó a él y le dijo:

—Dime, ¿no hay alguna separación entre tú y el Señor Jesús?

El hombre bajó la cabeza y dijo:

—Sí.

—Bueno —dijo el caballero—, ¿qué te ha hecho Él?

El hombre respondió con un torrente de lágrimas. En Apocalipsis 2:4-5 leemos:

> *Pero tengo esto contra ti que has dejado tu primer amor. Recuerda, por tanto, de dónde has caído, arrepiéntete y haz las primeras obras, pues si no te arrepientes, pronto vendré a ti y quitaré tu candelabro de su lugar.*

Quiero advertirte de un error que algunas personas cometen con respecto a hacer *las primeras obras*. Muchos piensan que deben tener la misma experiencia de nuevo. Eso ha mantenido a miles de personas sin paz durante meses, porque han estado esperando una renovación de su primera experiencia. Nunca tendrás la misma experiencia que cuando primero acudiste al Señor. Dios nunca Se repite. No hay dos personas, de todos los millones de la tierra, que se vean o piensen igual. Dirás que no puedes distinguir a dos personas, pero cuando las conoces, puedes rápidamente distinguir las diferencias. Así que, nadie tendrá la misma experiencia una segunda vez. Si Dios va a restaurar Su gozo en tu alma, déjalo hacerlo a Su manera. No planees un modo para que Dios te bendiga. No esperes la misma experiencia que tuviste hace dos o veinte años. Tendrás una experiencia nueva, y Dios tratará contigo a Su manera. Si confiesas tus pecados y le dices que te has desviado del camino de Sus mandamientos, Él restaurará el gozo de Su salvación en ti.

Presta atención a la manera en que cayó Pedro , pues casi todas las personas caen de manera similar. Quiero aquí dar una advertencia a los que no han caído. *El que piensa estar firme, mire que no caiga* (1 Corintios 10:12). Hace veinticinco años, y durante los primeros cinco años después de mi conversión, solía pensar que si era capaz de permanecer fuerte en Cristo durante veinte años, no necesitaría temer nunca que alguna vez pudiera caer. Pero cuanto más cerca llegas a la cruz, más feroz es la batalla. Satanás apunta alto. Él fue a buscar entre los doce y escogió al tesorero, Judas Iscariote, y al principal apóstol, Pedro. La mayoría de los hombres que han caído lo hicieron por el lado más fuerte de su carácter. Me dicen que el único lado por donde se asaltó exitosamente el castillo de Edimburgo fue donde las rocas eran más empinadas y donde la guarnición se sentía segura. Si algún hombre piensa que es lo suficientemente fuerte para resistir al diablo en algún punto, necesita especial vigilancia allí, porque el tentador viene por ese lado.

Abraham está a la cabeza de la familia de la fe, y los

hijos de la fe pueden trazar su linaje hasta Abraham; sin embargo, en Egipto, él negó a su esposa (Génesis 12). Moisés fue notable por su mansedumbre, sin embargo, se le impidió entrar en la tierra prometida debido a un acto y una palabra apresurada, cuando el Señor le dijo que hablara a la roca para que la congregación y sus bestias pudieran beber agua. *¡Oíd ahora, rebeldes! ¿Haremos salir agua de esta peña para vosotros?* (Números 20:10).

Elías fue notable por su valentía, y sin embargo, huyó un día de camino al desierto como un cobarde y se escondió bajo un árbol de enebro pidiendo morir a causa de un mensaje que recibió de una mujer (1 Reyes 19). Tengamos cuidado. No importa quién sea el hombre —puede estar en el púlpito o en algún otro lugar elevado— y si se vuelve engreído, caerá seguramente. Nosotros, los seguidores de Cristo, necesitamos orar constantemente para ser humildes y mantenernos humildes. Dios hizo que el rostro de Moisés resplandeciera para que otros pudieran verlo, pero Moisés mismo no sabía que su rostro brillaba. Cuanto más santo sea el corazón de una persona, más clara será su vida diaria semejante a Cristo y su amor por Dios será visible al mundo. Algunas personas hablan sobre lo humildes que son, pero si realmente tienen humildad no necesitarán anunciarlo. Un faro no tiene que hacer ruido ni tocar un tambor para proclamar que está cerca; es su propio testimonio. Si tenemos la verdadera luz en nosotros, ella se mostrará por sí sola. Los que hacen más ruido no son los que tienen más piedad.

Hay un arroyo, o un pequeño *burn*, como lo llaman

los escoceses, no muy lejos de donde vivo. Después de una lluvia fuerte, puedes oír el torrente de sus aguas desde lejos; pero deja que lleguen algunos días de buen clima, y el arroyo se vuelve casi silencioso. También hay un río cerca de mi casa, cuyo fluir hace poco ruido, y continúa su curso profundo y majestuoso todo el año. Deberíamos tener tanto del amor de Dios dentro de nosotros que su presencia se haga evidente sin nuestra ruidosa proclamación del hecho.

El primer paso en la caída de Pedro fue su autoconfianza. El Señor lo advirtió. El Señor dijo: *Simón, Simón, Satanás os ha pedido para zarandearos como a trigo; pero yo he rogado por ti, para que tu fe no falte* (Lucas 22:31-32). Pero Pedro dijo: *Señor, estoy dispuesto a ir contigo no solo a la cárcel, sino también a la muerte* (Lucas 22:33). *Aunque todos se escandalicen de ti, yo nunca me escandalizaré* (Mateo 26:33). ¡Santiago, Juan y los demás pueden dejarte, pero tú puedes contar conmigo! Pero el Señor le advirtió: *Pedro, te digo que el gallo no cantará hoy antes que tú niegues tres veces que me conoces* (Lucas 22:34).

Aunque el Señor lo reprendió, Pedro dijo que estaba dispuesto a seguirlo hasta la muerte. Esa jactancia es a menudo precursora de la caída. Caminemos humildemente y con suavidad. Tenemos un gran tentador, y en una hora desprotegida podemos tropezar y caer, y causar escándalo en referencia a Cristo.

El siguiente paso en la caída de Pedro fue que se durmió. Si Satanás logra hacer que la Iglesia se duerma, hará su trabajo a través del propio pueblo de Dios. En lugar de velar tan solo durante una hora en Getsemaní, Pedro se quedó dormido. El Señor entonces preguntó: *¿Así que no habéis podido velar conmigo una hora* (Mateo 26:40). Lo siguiente fue que luchó con la energía de la carne. El Señor lo reprendió nuevamente y dijo: *Todos los que tomen espada, a espada perecerán* (Mateo 26:52). Jesús tuvo que deshacer lo que Pedro había hecho. Lo siguiente fue que *Pedro lo siguió de lejos* (Mateo 26:58). Paso a paso se aleja. Es triste cuando un hijo de Dios sigue de lejos. Cuando lo ves asociándose con amigos mundanos y lanzando su influencia al lado equivocado, está siguiendo de lejos. No pasará mucho tiempo antes de que la vergüenza recaiga sobre el antiguo nombre de la familia, y Jesucristo será herido en la casa de sus amigos. El hombre, por su ejemplo, hará que otros tropiecen y caigan.

Después de eso, Pedro se familiariza y se hace amigo de los enemigos de Cristo. Una muchacha le dice a este valiente Pedro:

> *Tú también estabas con Jesús, el Galileo.* Pero él lo negó ante todos, diciendo: *No sé lo que dices.* Cuando salió hacia la puerta, otra sirvienta lo vio y dijo a los que estaban allí: *También éste estaba con Jesús, el nazareno.* Y otra vez lo negó con un juramento: *¡No conozco al hombre! (*Mateo 26:69-72).

Pasó otra hora, y Pedro aún no se daba cuenta de su situación. Cuando otra persona afirmó con confianza que el habla de Pedro lo delataba como galileo, se enojó y *empezó a maldecir y jurar*, y nuevamente negó a su Maestro; y el gallo cantó (Mateo 26:73-74).

Pedro comenzó en la cima de la vanidad, y bajó paso a paso hasta que rompió en maldiciones y juró que nunca conoció a su Señor.

El Maestro podría haberse vuelto hacia él y haber dicho: «¿Es cierto, Pedro, que me has olvidado tan pronto? ¿No recuerdas cuando la madre de tu esposa estaba enferma de fiebre y reprendí a la enfermedad y la dejó» (Mateo 8:14-15)? ¿No recuerdas tu asombro cuando pescaste tantos peces que exclamaste: *Apártate de mí, Señor, porque soy hombre pecador* (Lucas 5:8)? ¿Recuerdas cuando, en respuesta a tu clamor: «*Señor, sálvame*» extendí mi mano y te salvé de ahogarte en el agua (Mateo 14:30-31)? ¿Has olvidado cuando, en el Monte de la Transfiguración con Santiago y Juan, me dijiste: «*Señor, bueno es para nosotros que estemos aquí; si quieres, haremos aquí tres enramadas*» (Mateo 17:4)? ¿Has olvidado cuando estuviste conmigo en la mesa de la cena y en Getsemaní? ¿Es cierto que me has olvidado tan pronto? El Señor podría haberle reprochado con preguntas como estas, pero no hizo nada de eso. Le lanzó una mirada a Pedro, y en ella había tanto amor que rompió el corazón de aquel audaz discípulo; salió y lloró amargamente.

Después de que Cristo resucitó de entre los muertos, observa cómo trató con ternura al discípulo errante. El ángel en el sepulcro dijo: *Decid a sus discípulos, y a Pedro* (Marcos 16:7). El Señor no olvidó a Pedro, aunque Pedro lo había negado tres veces, y Él hizo que este mensaje tan amable y especial llegara al discípulo arrepentido. ¡Qué tierno y amoroso Salvador tenemos!

Amigo, si eres uno de los que han vagado, deja que

la mirada amorosa del Maestro te haga regresar. Deja que Él te restaure al gozo de Su salvación.

Antes de cerrar, permíteme decir que oro para que Dios restaure a ese que se ha alejado del Señor, para que lea estas páginas y se convierta en un miembro útil de la sociedad y un brillante adorno de la Iglesia en el futuro. Nunca habríamos tenido el salmo treinta y dos si David no hubiera sido restaurado: *Bienaventurado aquel cuya transgresión ha sido perdonada y cubierto su pecado* (Salmo 32:1). Si no fuera por el amor de Dios, no tendríamos ese hermoso salmo cincuenta y uno, que fue escrito por el que se había alejado y luego fue restaurado. Tampoco habríamos tenido ese maravilloso sermón en el día de Pentecostés cuando tres mil se convirtieron —predicado por otro alejado que fue restaurado (Hechos 2).

Que Dios restaure a otros que se han alejado y los haga mil veces más útiles que nunca para Su gloria fueron antes. Si no conoces a Jesús o si te has alejado de Él, ¡mira hacia Él hoy mismo!

# Sobre el Autor

Dwight Lyman Moody nació el 5 de febrero de 1837 en Northfield, Massachusetts. Su padre murió cuando Dwight tenía solo cuatro años, dejando a su madre con nueve hijos a quienes cuidar. A sus diecisiete años se fue a Boston a trabajar como vendedor. Un año después, fue llevado a Jesús por Edward Kimball, el maestro de la escuela dominical de Moody. Pronto, Moody se mudó a Chicago y comenzó a enseñar su propia clase de escuela dominical. Cuando tenía veintitrés años, se había convertido en un exitoso vendedor de zapatos, ganando 5.000 dólares en solo ocho meses, que era mucho dinero a mediados del siglo XIX. Sin embargo, habiendo decidido seguir a Jesús, dejó su carrera para dedicarse al trabajo cristiano por solo 300 dólares al año.

D. L. Moody no era un ministro ordenado, pero fue un evangelista eficaz. Una vez, Henry Varley, un evangelista británico, le dijo: «Moody, el mundo aún no ha visto lo que Dios hará con un hombre completamente consagrado a Él». Moody luego dijo: «Con la ayuda de Dios, mi objetivo es ser ese hombre».

Se estima que durante su vida, sin la ayuda de la televisión ni la radio, Moody viajó más de un millón de millas, predicó a más de un millón de personas y trató personalmente con más de setecientas cincuenta mil personas.

D. L. Moody falleció el 22 de diciembre de 1899.

Moody dijo una vez: «Algún día leerán en los periódicos que D. L. Moody, de East Northfield, está muerto. ¡No crean ni una palabra de eso! En ese momento estaré más vivo que ahora. Habré ascendido más alto, eso es todo, fuera de este viejo y barroco edificio a una casa inmortal; un cuerpo que la muerte no puede tocar, que el pecado no puede manchar, un cuerpo formado como Su glorioso cuerpo. Nací de la carne en 1837. Nací del Espíritu en 1856. Lo que nace de la carne puede morir. Lo que nace del Espíritu vivirá para siempre».

# También por Aneko Press

*Jesús Vino Para Salvar a los Pecadores*,
por Charles H. Spurgeon

Jesús vino a salvar a Pecadores es una conversación de corazón a corazón con el lector. A través de sus páginas, se examina y se trata debidamente cada excusa, cada razón y cada obstáculo para no aceptar a Cristo. Si crees que eres demasiado malo, o si tal vez eres realmente malo y pecas abiertamente o a puerta cerrada, descubrirás que la vida en Cristo también es para ti. Puedes rechazar el mensaje de salvación por la fe, o puedes elegir vivir una vida de pecado después de decir que profesas la fe en Cristo, pero no puedes cambiar la verdad de Dios tal como es, ni para ti ni para los demás. Este libro te lleva al punto de decisión, te corresponde a ti y a tu familia abrazar la verdad, reclamarla como propia y ser genuinamente liberado para ahora y para la eternidad. Ven, y abraza este regalo gratuito de Dios, y vive una vida victoriosa para Él.

*Disponible donde se venden libros*

*Cómo Estudiar la Biblia*, **por Dwight L. Moody**

No hay ninguna circunstancia en la vida para la que no puedas encontrar alguna palabra de consuelo en las Escrituras. Si estás en aflicción, si estás en adversidad y prueba, hay una promesa para ti. En la alegría y en la tristeza, en la salud y en la enfermedad, en la pobreza y en la riqueza, en toda condición de la vida, Dios tiene una promesa guardada en Su Palabra para ti.

Este libro clásico de Dwight L. Moody trae a la luz la necesidad de estudiar las Escrituras, presenta métodos que ayudan a estimular el entusiasmo por las Escrituras, y ofrece herramientas para ayudarte a comprender los pasajes difíciles de las Escrituras. Para vivir una vida cristiana victoriosa, debes leer y entender lo que Dios te dice. Moody es un maestro en el uso de historias para ilustrar lo que está diciendo, y a través de estas páginas, encontrarás inspiración y convicción para buscar la verdad en las páginas de la Palabra de Dios.

*Disponible donde se venden libros*

*Siguiendo a Cristo*, por Charles H. Spurgeon

No puedes tener a Cristo si no Le sirves. Si aceptas a Cristo, debes aceptarlo en todas Sus cualidades. No debes aceptarlo simplemente como un amigo, sino que también debes aceptarlo como tu Maestro. Si vas a convertirte en Su discípulo, también debes convertirte en Su siervo. Que Dios no permita que nadie luche contra esta verdad. Servir a nuestro Señor es ciertamente una de nuestras mayores delicias en la tierra, y ésta será nuestra gozosa vocación incluso en el mismo Cielo: Sus siervos Le servirán. Ellos verán Su rostro (Apocalipsis 22:3-4).

*Disponible donde se venden libros*

*La Vida Vencedora*, por Dwight L. Moody

¿Eres de los que vencen? ¿O hay pequeños pecados que te acosan y te derrotan? O peor, ¿fallas en tu andar cristiano porque te niegas a admitirlos y ocuparte de ellos? Ningún cristiano puede darse el lujo de desoír el llamado a vencer. El costo terrenal es menor. Pero la recompensa eterna es inconmensurable.

Dwight L. Moody es un maestro en esto de desenterrar lo que nos perturba. Utiliza relatos y sentido del humor para sacar a la luz los principios esenciales de la vida cristiana exitosa. Nos muestra cada uno de los aspectos de la victoria desde un ángulo práctico y fácil de entender. La solución que Moody presenta para nuestros problemas no es la religión, ni las reglas, ni las correcciones externas. Más bien, nos lleva al corazón del asunto y prescribe remedios bíblicos, dados por Dios, para la vida de todo cristiano. Prepárate para vivir en auténtica victoria en el presente, y en el gozo para la eternidad.

*Disponible donde se venden libros*

*Sembrar y Cosechar*, por Dwight L. Moody

No podemos alejarnos del principio de que cosecharemos lo que sembramos. Si sembramos buena semilla, anticipamos una gran cosecha. Pero si sembramos cizaña, no cosecharemos nada diferente de lo que sembramos. Lo mismo ocurre en el plano espiritual y en el práctico. Si queremos una recompensa en el Cielo, debemos vivir para Cristo. Por otro lado, si mentimos, engañamos, juramos, robamos, nos emborrachamos, consumimos drogas o satisfacemos los deseos de la carne, la realidad es que pagaremos las consecuencias tanto ahora como en la eternidad. Por mucho que la sociedad intente convencernos de lo contrario, esta ley ha demostrado ser cierta sin fallar.

*Disponible donde se venden libros*

*Cómo orar*, por Reuben A. Torrey

**Oración.** Satanás ríe al mirar a la Iglesia de hoy y se dice a sí mismo: "Hagan sus escuelas dominicales y sus grupos de jóvenes, sus programas para chicos y chicas, sus escuelas bíblicas de verano, sus escuelas cristianas, sus megaiglesias, sus retiros, sus programas de música, tengan predicadores brillantes e incluso sigan con sus esfuerzos de reavivamiento, siempre y cuando no hagan venir el poder de Dios Todopoderoso mediante la oración sincera, persistente, oración en fe y potente".

No es necesario que la Iglesia en su totalidad ore para que haya un reavivamiento. Los grandes reavivamientos siempre empiezan primero en los corazones de unos pocos hombres y mujeres a quienes Dios con Su Espíritu levanta para que crean en Él como un Dios vivo, como un Dios que responde a la oración; personas en cuyos corazones Dios pone una carga de la que no pueden desprenderse ni descargarla, a menos que sea con persistente clamor a Dios.

*Disponible donde se venden libros*

www.ingramcontent.com/pod-product-compliance
Lightning Source LLC
LaVergne TN
LVHW010327070526
838199LV00065B/5683